我们这样走向精彩

王翠华 编著

图书在版编目(CIP)数据

我们这样走向精彩 / 王翠华编著. -- 乌鲁木齐：新疆文化出版社, 2021.6
ISBN 978-7-5694-3133-9

Ⅰ.①我… Ⅱ.①王… Ⅲ.①人物—列传—中国 Ⅳ.①K82

中国版本图书馆 CIP 数据核字(2021)第 126012 号

责任编辑：王洪燕

封面设计：李瑞芳

我们这样走向精彩

编　著	王翠华
出　版	新疆文化出版社
地　址	乌鲁木齐市沙依巴克区克拉玛依西街 1100 号（邮编 830091）
发　行	全国新华书店
印　刷	新疆新华华龙印务有限责任公司
开　本	787 mm×1 092 mm　1 / 16
印　张	15
字　数	220 千字
版　次	2021 年 6 月第 1 版
印　次	2021 年 7 月第 1 次印刷
书　号	ISBN 978-7-5694-3133-9
定　价	59.00 元

序言

我最早接触传记文学是在小学五年级,一次偶然的机会,我读到了徐迟的《哥德巴赫猜想》,对陈景润研究1+2等于3的艰辛和执着充满了敬仰和钦佩。那时的我,在心里就种下了一颗种子:好好学习,将来投身科研事业。虽然后来我走上了另一条人生道路,但那篇传记给我的力量却让我在相当长的一段学习过程中能够专心投入。后来读到卢梭的《忏悔录》,卢梭敢于真诚地披露自己,勇于直面和反思的精神深深地震撼着我;《从文自传》中沈从文传奇的一生也让我津津乐道了好久;周莉的《曼哈顿的中国女人》让我看到了另一种让生活半径越来越大的人生……他们像一束束光,照亮了我前行的路;他们也像一扇扇窗,让我看到了精彩纷呈的风景;他们还像一阵阵风,推着我一直往前走。

阅读传记是让人心旷神怡的事情,阅读优秀的传记作品就是走近崇高和美好,与杰出人物对话的过程。在触摸那些成功人士独特的生活轨迹时,体味他们的痛苦、哀愁和真情,感受他们的思想、情感和意志,思索他们的经验、智慧和求索,细察各种人生的况味和魅力,这是一次心灵的美妙旅行,在这一过程中,我们也会逐步找到与自己灵魂相契合的智慧、力量和启迪。

　　青少年的成长需要有榜样和楷模,有高远人生目标的激励。青少年在成长过程中,必然会遇到许多的困难和困惑,如果能有一个正面向上的形象去引导,这对他们的人生无疑是有积极意义的。每一个杰出人物都不是生来就不同凡响的,从他们的传奇经历里,孩子们不仅能领略名人不朽的风采,还能从他们身上学到品格、信念和思维方式,从而给他一种无穷的动力与激情,培养高于同辈的胸襟和眼光。

　　梁启超谈及教子经时说:"读名人传记,最能激发人的志气,且于应事接物之智慧增长不少,古人所以贵读史者以此。"

　　阅读优秀的传记作品,也是培养学生阅读品位、提高阅读能力的良好途径,更是积累写作素材,提升写作能力的良好方法。我们常说:"阅读是吸收,写作是倾吐。"平日里学生积累的素材大多是杰出人物一个角度、一个侧面的信息,获取的大多是对人物散点性的认识,在具体使用时易于受限甚至难以激活。而相对完整且针对性极强的人物传记就可以让学生对一个个杰出人物有全面而比较清晰的认识,这样他们在素材的激活和使用时也会更加从容和灵动。

　　本书的阅读对象主要是中学生,围绕"立德树人"的育人目标,本书主要选收了中国当代一些杰出人物的传记。他们中有科学家、文学家、艺术家、教育家,有杰出人物、青年才俊,还有平凡而富有光彩的普通人,涉及面很广,大多都是中学生有所接触,又有兴趣想更多了解的杰出人物。选文时间跨度也很大,既有历史上杰出的探险家,也更关注改革开放的杰出人物,同时也涉及了当下的热点人物,选文特别注重这些人物的思想、智慧和人格魅力,注重他们的生平事迹和精神境界能否激励学生的健康成长,学生能否从他们身上汲取宝贵的人生经验和成长力量。同时还考虑青少年写作需要的素材元素,因而选材的侧重点也各有不同,作者以多种传记文本为蓝本,精心选材,重组重建,努力体现这些人物真实的生命历程和鲜明的启迪色彩。青少年尤其是高中生的阅读时间有限,每篇传记也尽量控制在五六千字,学生在课间就可以完成一篇加餐式的传记阅读。

在编排体例上,本书主要按照人物的生平年代为纵线组织篇目。对于单篇传记,又考虑到学生的认知情况,先对人物进行简短的综合概述,之后进行具体有针对性的叙述。为了让学生全面了解人物,文后又增加了他们的经典语句和对他们的评价,这样有利于给学生提供更多有高度的概括性素材。同时为避免学生阅读时囫囵吞枣,只注重阅读体验和阅读趣味,忽视对人物人文精神、情感、思想的深入分析和细致揣摩,又在每篇文本后增加了表格式提炼笔记菜单,编者先做了示范性的主题填写,引导学生在完成相应表格填写时,深入思考和理解人物的思想感情,了解故事蕴含的深刻思想,细细体味人物生平事迹中反映的某种价值观,让学生在参与、互动、反复感受和体会中,真正达到既获取精神的力量,启迪智慧,又能提升学生语文素养的目的。

历时两年之久,这本人物传记终于与大家见面了。愿她能够成为中学生成长过程的力量加油站,智慧启迪窗;愿同学们在与杰出人物对话时,心灵得以饱满和扩张,充实和美好,愿她也能为你语文素养尤其是写作素材的积累提供有力的翅膀。

2021年2月15日

目录
CONTENTS

精仪揭天地,科圣著千秋　1

那个孤独而伟岸的身影　15

踽踽独行的国学大师　26

文艺复兴式的智者　38

最是痴心在读书　49

一代名师,智慧女神　61

中国第一位物理学女博士　73

有趣,让生活昂扬多姿　83

幸福,从不靠别人成全　94

有一种专业叫祖国需要　104

古典诗词的传播者　115

敦煌的女儿　129

一声诺奖震寰宇,呦呦鹿鸣响天地　139

人生为一大事来，做一大事去 149

当代的神农 161

健康加勤奋，一生不虚度 172

把所有不可能变成了可能 182

病毒中的逆行者 196

用技术改变世界 207

他创造了真实的桃花源 219

参考文献 229

精仪揭天地，科圣著千秋

　　张衡（78—139）字平子，南阳西鄂（今河南南阳市）人，东汉时期伟大的天文学家、数学家、发明家、地理学家、文学家。张衡为中国天文学、地震学和机械技术的发展做出了杰出的贡献，发明了浑天仪、地动仪，是东汉中期浑天说的代表人物之一。由于他的突出贡献，联合国天文组织将月球背面的一个环形山命名为张衡环形山，太阳系中的1802号小行星命名为张衡星。

在人类历史的发展长河中,长江后浪推前浪,他们照亮了当世,也光泽了万代,在时间的长河中站成了永恒。早在1900多年前的东汉,就有这样一位璀璨的明星,在历史的天空熠熠生辉,他就是数学家、天文学家、发明家、地理学家张衡。他不仅对中国乃至对世界的发展都做出了不可磨灭的贡献,也在世界科学文化发展史上竖起了一座巍巍丰碑。

公元78年,张衡出生在一个破落的官僚家庭,张衡幼年时家境已经败落,有时还要靠亲友的接济。失去了祖荫入仕的条件,张衡只有依靠自己的勤奋努力,才能改变贫困的家境。所以他刻苦学习,十几岁就通晓了五经和辞赋,但他的心思并不都用在这上面,他很关心农业生产、山川河流、商旅往来……他还喜欢仰望星空,数着满天灿烂的星斗,常常痴迷到一望就是几个小时。在仰望星空的时候,张衡还特别喜欢问一些为什么,如为什么天上的星星会发光?为什么有的星星明亮,有的星星暗淡?为什么有时星星像圆圆的铜镜,有时却像一把梳子?当然,在当时没有人能回答出这些问题。张衡在10岁那年看到一本叫《鹖冠子》的书。他被书中利用北斗星判定季节的四句话深深地吸引住了,从此他在仰望星空时又观察北斗星的变化,日积月累,他发现北斗星在围绕着一个中心转,一年转一圈儿,他豁然开朗:我终于明白了北斗星移是怎么回事了。

南阳的中心城市叫宛,距张衡的家乡不远,宛城北通新都洛阳,南通旧都长安,东通黄河中下游的平原地带,可谓商遍天下,富冠海内。张衡曾去那里参观游览,宛城人口密集,南北杂货,应有尽有。铁器铺里,刀剑戈矛,琳琅满目。张衡看得流连忘返,他不禁问道:"这打铁的原料是什么呢?"别人告诉他铁锭。他又追问:"铁锭从哪里来呢?""城外炼铁炉炼出来的。"有人说。他到城外找到了炼铁炉,看到一排排炼铁炉里装着铁矿石,每个炉子有几只风箱鼓风,炉火熊熊,工匠们忙着运送铁矿石和木炭,却没有人拉风箱,张衡很诧异,就想仔细探个究竟。原来,这里的水流很急,急流中装了一个平放的水轮,被水冲得转个不停。水轮的铁轴很长,轴的上端装了个大齿轮,这齿轮套着另一个齿轮,那个齿轮又带动别的机件,最后带动一根铁杆一来一回地拉风箱。一排几十个风箱,不用一个人,就能自动鼓风,使炉火熊熊,矿石熔化,铁水奔流。张衡看得惊呆了,机械的巧用居然可以代替人力而且效率还这么高!后来他还知道了发明水力鼓风方法的是几十年前的南阳郡太守杜诗,他渐渐明白了自己的努力方向。

自古圣贤之言学也,咸以躬行实践为先,识见言论次之。他的学习方法和所走的道路与众不同。那时的仕宦人家子弟六七岁便开始入学,掌握一定的基础知识以后,就外出投奔名师进一步攻读。而张衡到了十六七岁时才告别家人,只身外出游学。当时洛阳是政治、经济、文化的中心,急于仕进的读书人,都愿意到那里学习。在洛阳经郡太守的推荐成为博士子弟以后,才能进太学受业。太学是当时的最高学府,士子在那里学习一年后,通过太学官的考试便可被任命为小官。以张衡的才学和其祖父的功德而论,他当可被推荐为博士子弟,但张衡十分重视在实践中学习,以此提高自己的能力,因此,他并未直接去洛阳,而到长安京畿之地三辅地区考察了3年。

张衡在三辅地区考察期间,走遍了广阔的渭河平原,游历观览了太华、终南山等名山的风景，考察了当地的民情风俗，特别对长安的宫廷建筑产生了极大的兴趣，他观察得更为仔细。通过游览，张衡积累了大量的文学素材，为日后的文学创作打下了坚实的基础。

张衡游历完三辅后经过灞桥，于永元七年（公元95年）来到骊山。在骊山停留的时候，他被骊山温泉的美丽深深地吸引住了，于是写了《温泉赋》，这是他流传至今的最早的文学作品。其中观温泉、浴神井、风中峦的激情表达，正是他饱览山水的体验，后世柳宗元的上高山、入深林、穷回溪（《始得西山宴游记》）的有关体验，正是与此一脉相承。张衡在这几年的考察中提笔作赋，随时把自己的感受写下来，既表达了对山河的热爱，也锻炼了自己的文思，提高了自己的观察能力和思维能力。

张衡在洛阳的五六年博览群书，如饥似渴地学习知识。他不仅虚心求教，听他们讲学，还读遍了各家流派的著作，结识了很多和他志趣相投的朋友，如后来成为东汉儒学大师的马融，写下东汉政论名著《潜夫论》的王符，后来成为东汉数学家、天文学家的崔瑗。他们在一起研究文学、音乐、数学、天文历法。当时太学的学生学习"五经"（指诗、书、礼、易、春秋）"六艺"（礼、乐、射、御、书、数），毕业时每人也不过通晓一经一艺，但张衡已经达到了通"五经"、贯"六艺"的地步。张衡还学习了天文、地理、气象、历算等方面的知识，他的好友崔瑗评说张衡："焉所不学，亦何不师，盈科而进，成章乃达；一物不知，实以为耻，闻一善言，不胜其喜。"

精神的浩瀚、想象的活跃、心灵的勤奋就是卓然不群。在兼收并蓄的学习生活中，张衡培养了自己的独立见解，而且信念坚定，不易受外物的干扰。当时张衡学习刻苦，成绩优异，赢得了南阳郡守的赏识。接着官府争相请他出任官职，一条进入仕途的阳关大道已为他铺平。当时无权无势的读书人想得到察举和征辟极为不易，谁被察举或被征辟，被视为莫大的荣幸。但是出乎人们的意料，张衡在京都没有去当什么"孝廉"，也没有奔走于官宦门庭以求个一官半职。他在京城里仍然如饥似渴地学习，把全部心血倾注在学习上，继续拓宽自己的知识面。

当时扬雄所著《太玄经》已经问世，该书是仿照《易经》的体裁而写的，道理艰深，文字难懂，学者们很少有敢于问津的。张衡如痴如醉，夜以继日地读《太玄经》，为扬雄的深刻哲理而赞叹不已。《太玄经》中，既有唯物主义的东西，也有唯心主义的东西，既论形而上学的一面，亦言及辩证法思想。扬雄明确地告诫人们，必须按照东西的本来面目认识自然，而不应该随意地增加或减少。他还指出，事物不是固定不变的，而是有发展、有变化的。《太玄经》中这种唯物主义思想倾向对张衡的科学研究产生了很大影响。

游学三辅、进入太学以后，张衡已是颇有名望的学者。他不但是可与班固相提并论的大赋家，而且是"中世阴阳"之宗，精通天文、地理、历算、绘画等，被人们称为"南阳道人"。此后，他便开始在各方面表现出了自己的才能。

胸中书富五车，笔下句中千古。张衡的杰出才能始于文学作品。永元十二年（公元100年），张衡出任南阳主簿的第一年，写了一首五言诗《同声歌》。诗中张衡以妾自比，以君比鲍德，抒发了他能担任鲍德主簿的兴奋心情，并表达了帮助鲍德处理好郡政的决心。

张衡的《同声歌》在我国五言诗的发展上占有重要的地位，它吸取了民间文学乐府诗歌的营养，寓有通俗文学的气息，在内容和形式上都很成熟，对后世的文学发展颇有影响。

除《同声歌》之外，张衡还写出了《定情赋》《扇赋》等作品，可惜均未流传下来。使张衡在文学史上一举成名的是他在任南阳主簿时完成的不朽之作《二京赋》，开始著于公元97年，完成于公元107年，长达10年之久。

《二京赋》由《西京赋》和《东京赋》两篇构成，长达万言，浑然天成。《西京赋》描写了西京长安的繁华，讽刺了社会的奢靡风气，有一定的文学价值和历史研究价值。

《东京赋》对东都洛阳的形势和风景、物产做了描述，颂扬了汉朝的国势隆盛，但言语间却含有浓厚的恤民气息，他说："夫水所以载舟，亦所以覆舟。坚冰作于履霜（薄霜），寻木（八尺高）起于蘖栽（嫩芽）。"这两篇文赋语言瑰丽，旁征博引，内容丰富，反响巨大，后人将《二京赋》与班固《两都赋》共称为东汉文学史上的"双璧"。

继《二京赋》之后，张衡又写了《南都赋》。在这篇赋中，他满怀着对家乡的无限热爱之情，歌颂了南阳美丽的景象，描绘了南阳发达的经济建设。

阳嘉第二年（公元133年），汉顺帝欣赏张衡的才华，任命张衡为侍中。张衡不怕权势，不同流合污的行为，使宦官们十分恼火，他们极力排斥张衡，不断向皇帝耳旁吹风，诬陷张衡。永和元年（公元136年），顺帝听信谗言，决定调张衡为河间相。对此张衡极为不满，写了《怒篇》发泄了自己心中的怨恨。

张衡担任河间相以后，"治威严，整法廉"，捉拿惩办了一批豪强奸党，他还清理冤狱释放无辜，受到当地百姓的称颂。后来他还写了《四愁诗》《髑髅赋》《归玄赋》《冢赋》和《归田赋》等。其中《四愁诗》大胆采用了七言的形式，成为我国七言诗的开山之作。《归田赋》是他的晚年之作，它既是现存东汉第一篇完整的抒情小赋，又是现存的第一篇比较成熟的骈体赋，对后世王粲、曹植、嵇康、阮籍、刘伶、陶渊明等人的辞赋影响甚大，受它影响最大的是陶渊明的《归去来兮辞》《归园田居》。

一颗伟大的心灵,必然有一个宽广的视野。张衡不仅在文学创作方面取得了成就,而且在科学研究方面也取得了辉煌的成就。

元初二年(公元115年),汉安帝听说张衡在天文理论方面有很深的造诣,就任命他为太史令,使张衡成为掌管"天时、星历"的官员。张衡上任后立即来到当时的天文台,也就是灵台,登上灵台顶端,仰观天象。他发现观天象的仪器太陈旧,于是他精心设计和研制了浑天仪。浑天仪的制造惊动了京都的学者,他们纷纷前来参观,但人们对它的准确性充满怀疑。

有一位学者问张衡:"你能否用浑天仪演示天象让我们看看!"

张衡说:"可以,天黑以后,你们分成两组。一组在屋里看着浑天仪,不断向外面报告仪器上所显示的天象情况;一组在屋外观察星空,看是否和屋里仪器的演示情况相符。"

学者们很高兴,按照张衡的部署安排就绪,夜幕降临,高远的天空中出现了繁星。

不一会儿,屋里的人报告说:"月亮正在升起。"屋外的人也看到东南方向升起一弯明月。接着屋里的人又不断报告:某星已经升起,某星已到中天,某星转入地下……皆与屋外看到的实际天象相符。试验结束,屋内外的学者纷纷向张衡表示祝贺,称赞浑天仪是巧夺天工的伟大发明。

今天我们会说科学是宗教迷信最有效的解毒剂,但1900年前的张衡就勇敢冲破了当时神学、谶纬的迷雾,写出了闻名于世的天文学著作《灵宪》。在《灵宪》中张衡描述了天体演化进程,不断探讨了行星运动的规律,明确提出,行星的快慢决定于距离天的远近。这在当时尚未发现行星是围绕太阳转的情况下,这种看法不能不说具有远见卓识。此外,张衡在《灵宪》中对日蚀的产生做出了科学解释。他明确提出,月亮本身是不发光的,月亮的光是太阳光的反照。地球挡住了太阳的光辉,月亮也就看不见了,这就发生了月食。

张衡第一次用科学的方法,解释了月食形成的原因。张衡还写了《论举贡疏》,尖锐地抨击了招收学生要考图谶的做法。后来,他又上书请求皇帝用行政命令的方法禁绝图谶。在那个反对谶纬是要遭杀身之祸的年代。比较开明的汉顺帝虽没有下行政命令禁绝图谶,但觉得张衡所言有理,他尤其欣赏张衡敢于直言进谏的精神,所以非但没有处罚张衡,反而提升他为侍中。

张衡不仅在天文方面有重大贡献,而且在机械制造业方面表现出非凡的才能。安帝建光元年(公元121年),张衡担任过公车司马令(九卿之一,卫尉手下秩禄六百名的小官)。官虽不大,但管的事很多很杂。他刚任公车司马令不久,安帝下令要制造指南车,在没有任何资料的情况下,张衡苦苦思索,从南阳郡守杜诗水排的齿轮系统得到了启发,制造了指南车和记里鼓车。

张衡制造的指南车是两轮小车,车上站着一个雕刻精制的木人,不论车子朝什么方向走,木人的手始终指向南方。

张衡制造的记里鼓车是一辆两层套马车,上层中间有一面大鼓,鼓旁有两个木头人,手里握着鼓棒摆出挥棒欲敲的架势。下层中间挂一口铜钟,钟两旁站着手握钟锤的两个木人,车子每行一里,上层的木头人就自动敲击一次,车子每行至十里,上层的木头人就自动敲钟一下。延光三年(公元124年),安帝去泰山祭奠时用了张衡制造的指南车和记里鼓车,重扬了皇威。

张衡居住过的房子里有一张宽大的桌子,上面摆着一样东西。这个东西是用青铜铸造的。圆圆的,像一个大酒坛子。坛子的周围镶着八条龙,按照东、南、西、北、东北、东南、西北、西南八个方向排列着。龙嘴里都含着一粒小铜球,对准龙头的嘴巴下面,蹲着八个昂头张着大嘴的铜蛤蟆。这就是张衡发明的世界上第一架测定地震的仪器——地动仪。哪儿发生地震,对准那个方向的龙嘴就会张开,龙嘴里的铜球就落在铜蛤蟆的嘴里,告诉人们那个方向发生了地震。

张衡生活的东汉时期,地震比较频繁。从公元92年到公元125年的30多年时间里,共发生26次比较大的地震。公元119年春天的一次地震波及京师及附近四十二郡,震区大地陷落,地裂泉涌,房屋倒塌,人畜死亡无数。张衡为了掌握各地的地震动态,经过长年研究,终于在公元132年制成了世界上第一架探测地震方位的仪器——地震仪,比世界上其他国家的同类仪器早1700多年。

阳嘉二年(公元133年)四月,京都发生了地震,地动仪准确监测到了。地动仪制造6年以后(公元138年)的一天,地动仪头向西北方向的一条龙吐出了铜丸,而人们却丝毫没感觉到地震。于是本来一些对张衡制造的地动仪持怀疑态度的学者,嘲笑地动仪是"屠龙之技",不相信地动仪会有那么灵验。

张衡自己也有些焦虑不安了,5天后,忽见从洛阳西门外跑来一个骑着快马的信使,直奔太史府,向太史府投了一份报告。报告中写道:"五天前,陇西地区发生了地震。"在事实面前,大家才信服了地动仪的准确性。张衡地动仪的发明,使我国开始了用仪器远距离观测和记录地震的历史。

张衡制造地动仪的同时,还研制了一架测定风向的仪器——候风仪。可惜的是对这种仪器的制造过程和形状历史上没有文字记载,后人无法了解。

此外,他还制造了飞行数里的木鸟,用流水作为动力,每天张开一片叶子的瑞轮荚,也就是现代的电子日历。他第一个用理论求得圆周率的值,即3.1466。5个多世纪后,印度和阿拉伯数学家才算出了这个数据,他被西方人誉为机械的鼻祖。

张衡热爱山川河流,也喜欢画画,他有不少绘画作品。他根据自己对地理科学的研究情况画过一幅地形图,标注了全国主要山川的地理位置,还形象地展现了各地的地理风貌。这幅画不仅在地理学上有重要价值,同时作为一幅艺术珍品,在中国绘画史上也占有重要地位。因此,张衡也成为东汉时期我国四大画家中居首位的大画家。

著名文学家、历史学家郭沫若这样评价张衡:"如此全面发展之人物,在世界史中亦所罕见,万祀千龄,令人景仰。"世人亦称他为"科圣"。而在他耀眼的光环下,这位伟人忧国忧民,他愤世嫉俗、疾恶如仇、勤奋刚直的高尚品格却鲜为人知。

张衡一腔热血,可惜生不逢时。东汉后期,幼童称帝,太后掌权,外戚专政,宦官得势。张衡看到了国家危机就多次进谏,提醒皇帝摆脱宦官,皇帝对张衡的建议根本不理睬,张衡遭到了黑暗势力的迫害和官僚奸宦的嘲讽,虽然他政绩出色,贡献卓著,但官职多年没有变动,后来在他调离太史令5年之后又复任太史令,这显然是东汉统治者对他的冷遇。

有人嘲笑他:"尽管你能使三轮自转,使木调独飞,可自己却免不了奈拉着翅膀落回老窝!何不也调理自身往高处飞呀?"

张衡的回答是:"君子不患位之不尊,而患德之不崇;不耻禄之不夥,而耻智之不博。"

公元132年,张衡复任太史令8年之后升任侍中,成为皇帝身边的高级顾问。面对皇家为巩固统治、神话皇权而泛滥成灾的谶纬迷信,张衡冒天下之大不韪,上书力争。面对祸国殃民的宦官集团,张衡大胆直言兴利除弊的政治主张,不仅未得到顺帝的赏识,反遭佞宦的极力排挤和打击。后来皇帝听信谗言,将已经59岁的张衡调出京城任河间相（河北省东南部,东汉封王的采邑区太守）。在任职河间相的3年里,他和豪强做斗争,虽暂获河间一带"郡中大治",但仍然有"网漏吞舟之鱼"。面对每况愈下的国情,张衡清楚地看出了统治阶级的腐朽,他忧心忡忡,屡次给皇帝上书建议惩治佞宦污吏,但均未采纳。因此,他因世乱生愁,因愁生厌,因厌思归。晚年,张衡正式上书顺帝表达了辞官归乡的想法,但未获准,不久就卧床不起,次年卒于任所。年仅63岁的文化巨人就这样满怀忧愁,过早地离开了人间。

但是中华儿女没有忘记他,世世代代都在怀念他、纪念他。张衡葬于家乡南阳西鄂,历代文人学者经常到这里瞻仰他的墓。1955年我国发行了纪念张衡的邮票,1956年政府拨款重修了张衡墓。世界人民也没有忘记他,1970年,国际上以张衡的名字命名了月球背面的一个环形山,1977年又将太阳系中一个编号为1802的行星命名为张衡星。张衡的名字与全球同在,与人类同在,与宇宙同在。

（摘自陈默《窥天地之奥:张衡的故事》,选文有删改）

【评价摘录】

　　张衡在人类文化早期发展的时期就有实验科学上的伟大发现，实为不可思议的奇迹。

　　　　　　　　　　　　　　　　　　　　——《恒星物理》

　　如此全面发展之人物，在世界中亦所罕见，万祀千龄，令人景仰。

　　　　　　　　　　　　　　　　　　　　——郭沫若

【其人语录】

　　人生在勤，不索何获。

　　临渊羡鱼不如退而结网。

按照示例,请你来补充一下张衡的具体品质。

具体品质	例证简述
兼收并蓄,厚积薄发	张衡胸中书富五车,才智贯通古今。他从小就博览群书,丰富自己的知识。他还读遍了太学里的各家流派著作,结识了很多和他志趣相投、才智各异的朋友,兼收并蓄的他成了通"五经"、贯"六艺"的博学鸿儒,最终才能在文学、天文、数学、地理、科学、艺术等方面取得杰出成绩。
勇于实践,充满热情	张衡与同时代的学者不同,他十分重视在实践中学习,少年时先在长安京畿之地三辅地区考察了3年,开阔了眼界,积累了大量的文学、生活素材,之后才入太学学习。这样他的学问与生活能够紧密联系。同时,他对社会、生活、学问都充满了热情和好奇,喜欢不断探究钻研,这也为他打下了扎实的基础。
敢于质疑,坚持真理	1900年前的张衡就勇敢冲破了当时神学、谶纬的迷雾,写出了闻名于世的天文学著作《灵宪》。解释行星运行规律、日食现象,尖锐地抨击了招收学生要考图谶的做法,体现了可贵的坚持真理的勇气和胆识。

你积累的名句有哪些?

适用主题	摘录语句

那个孤独而伟岸的身影

徐霞客（1586—1641），名弘祖，字振之，号霞客，明朝南直隶江阴（今江苏江阴市）人。著名的地理学家、旅行家和文学家，其地理名著《徐霞客游记》有明末社会的百科全书之称。徐霞客一生志在四方，"达人所之未达，探人所之未知"。因此，《徐霞客游记》开篇之日（5月19日）被定为中国旅游日。

男儿当志在四方，在天地间一展胸怀。在母亲的鼓励下，公元1607年的春天，22岁的他告别莺飞草长的家乡江阴，开始了长达30多年徒步跋涉的科考之旅。他的足迹留在了江苏、福建、湖南、北京等21个省、市、自治区的100多座城市。他走过荒凉苦寒的山泽沙壤，到过人迹罕至的边疆地区，他冒着生命危险，探索大自然的奥秘，并将所见所闻记录下来，留下煌煌60余万字游记资料经由后人整理成书。

他，就是徐霞客，中国地理学之父，历代史学家公认的千古奇人。而那本书就是被称为千古奇书的地理名著《徐霞客游记》，因现存《徐霞客游记》的第一篇是5月19日所作，这一天就被确定为中国旅游日。

徐霞客是旅行家，但把他仅仅当作"游圣"是一种误解；徐霞客是文学家，但把《徐霞客游记》当作文学作品来欣赏是一种浅读。

徐霞客首先是科学家，一位在地质学、地理学、生态学有独特发现、突出贡献的专家。《徐霞客游记》内容涉及文化、经济、历史、民族、宗教、地理、地矿、水文、气象、动物、植物、风俗等多个领域，是一本文学著作，更是科学著作、哲学著作。

让我们在400多年前的崇山峻岭之间，去追寻那个孤独而伟岸的身影。

说起名山大川，不能不提黄山。老舍有诗曰："天都齐伟海云幽，莲蕊莲花高入秋。欲识黄山真面目，风华半在玉屏楼。"最早记录天都峰、莲花峰地形地貌的就是徐霞客。游览黄山，不应该忘记先行者徐霞客。

1616年和1618年,徐霞客两次攀登和游历了黄山。在欣赏黄山的奇山异峰时,他还创造了多个之最:最早发现并记录了光明顶、鳌鱼背等处是黄山最高处的古夷平地,最先考证出黄山是长江水系和钱塘江水系的分水岭,也是最早最详细、最系统勘测并记录下天都峰、莲花峰、光明顶、飞来峰等许多标志点的地理风貌。登顶天都峰,徐霞客感觉"万峰无不下伏,独莲花与抗耳";爬上莲花峰顶,他发现"其巅廓然,四望空碧,即天都亦俯首矣",因而得出莲花峰是黄山最高峰的结论。这一伟大的发现让今天的测绘专家们都称奇不已,因为经现代化技术测定,莲花峰海拔为1864米、天都峰海拔为1810米,两峰高度差只有54米,但两山却相距1100米,一般人是很难通过目测发现这一细微差距的。

一生能有这样几个伟大的发现已经不易,但徐霞客探索的脚步远不止这些。

他是中外历史上第一个系统考察丹霞地貌的专家,他深入考察湖南茶陵灵岩八景、浙江天台赤城山、福建武夷山接笋峰、江西余江马祖岩层、广西容县都峤山等25处红层盆地丹霞地貌,对山川地貌、火山溶洞、动植物生长、村落形成及变迁等做了详细记录。他深入考察喀斯特地貌的成因、特征、分布等,发现岩洞是由水冲刷侵蚀而成,洞中的钟乳石是由含钙质高的水滴蒸发凝聚而成。国外学者认为,徐霞客关于岩溶地貌的考察,比欧洲科学家要早150年到200年,法国洞穴联盟专家让·皮埃尔·巴赫巴瑞说:"徐霞客是早期真正的喀斯特学家和洞穴学家。"美国科学家称徐霞客为近代岩溶地貌之父、最卓越的地理地质学奠基者。

一切真知都是从实践经验发源的。徐霞客通过实地考察,证实了长江的源头是金沙江,而不是《尚书·禹贡》中记载的岷江,辨明了左江、右江、大盈江、澜沧江等多条水道的源流。古书上说,雁荡山顶有个大湖,徐霞客攀爬到山脊笔直的雁荡山顶,用亲身经历证实了雁荡山顶并无大湖。这些发现,他都一一记录了下来。对沿途生态,他也有详尽的记录,如"崖南峡中,箐木森郁,微霜乍染,标黄叠紫,错翠铺丹,令人恍然置身丹碧中"。这些发现见闻后来集结成册,成了震惊天下的《徐霞客游记》。阅读《徐霞客游记》,如研读国土资源调查报告、百科全书。梁启超说:"中国实地调查的地理书当以《徐霞客游记》为第一部。"

如果屈原的《天问》是对神秘世界的叩问,柳宗元的《天对》是对《天问》的哲学回答,徐霞客则是力图在自然世界里寻找实证。实证要求亲眼所见、现场目击,需要第一手材料。他每到一地,名山必登,名川必访,无论是目测山的高度,丈量洞的深度,还是探究江河的源头、地形的走势,他都是登就登至极顶,到就到达尽头,追本溯源,脚踏实地,徐霞客30年一以贯之,始终不渝。

敢做异于常人的抉择,才能走出不同寻常的道路。走别人不敢走的路,才能看到别人看不到的风景。古代知识分子大多走两条安稳的道路,要么寒窗苦读走经济仕途之道,要么诗酒田园终老一生,但徐霞客却做了一个惊世骇俗的决定,走出了第三条特立独行的路:在壮游中寻访名山大川。1607年,22岁的徐霞客走出书斋,放弃功名,辞家别亲,开启了游历天下的人生篇章。那一年,他登顶嵩山万岁峰,从嵩山西壁顺势而下。他抓着藤蔓,顺着山势下滑,由于山体陡峭,他越滑越快,待滑到谷底时,他的双手已是血肉模糊,失去了知觉。可就在此时,徐霞客看到了霞光穿缝而入,光下的树木、石壁、瀑布呈现出一片绚丽的迷人景色。好一个人间仙境,他完全忘记了刚才的惊险和手上的疼痛。而这个地方,就是如今嵩山的奇景西沟。正因为他选择了别人未曾选的路,勇敢地放下功名,淡然前行;敢走别人不敢走的路,敢于登山入洞惊动"神龙精怪",才看到了别人不曾看到的美景,发现了别人未曾发现的奇迹。26岁到46岁他完成了人生第二阶段的跋涉,期间,他独自一人翻山越岭,大王峰的百丈危梯,白云岩的千仞绝壁,华山之巅,少室绝顶,他一一到达。他涉过了三千道水、问过了十万回路。发现和考证了一个个地理奇观。49岁,他开始人生的最后一次出发,直到4年后因足疾深入骨髓,双脚尽废,被当地朋友抬回了老家。长期的旅途生活燃尽了他所有的精力,回家一年后,54的他安然病逝在家中。他一辈子只做一件事,而且是特立独行的事情。

他高举信念的火把,手持意志的利刃,用足迹丈量了大半个中国。徐霞客是一位野外地质调查科学家,但是他没有必要的安全保障,缺乏足够的自救能力、避险知识。他遭遇过"路棘雪迷,行甚艰";涉险攀登过"阔仅尺余,凿级其中,仰之直若天梯倒"的悬崖;潜入过"陷身没顶,手足莫施"的深涧。电闪雷鸣的雨夜丛林中,衣衫褴褛的他靠野果充腹,盼风歇雨停;风雨如磐的断路绝壁前,瘦骨嶙峋的他咬紧牙关,胼手胝足而行。他逢险必探,遇洞必入。在株洲探险,洞深水湍,"归途莫辨",当地人"无敢导者""无肯为前驱者",但徐霞客毅然"解衣伏水,蛇行以进"。他到过老虎"月伤数人"的梁隍山,深入过"豺虎昼游、山田尽芜、俱不敢入"的云嵝山"虎窟";在河南嵩山"忽见虎迹大如升"、湖北武当山"且闻虎暴";闯荡过"十人去,九不还"的广西北流"鬼门关";穿越过"瘴疠甚毒"的云南澜沧江畔;举烛进入柳州真仙洞,猛然发现石下有巨蛇横卧,以火烛之,不见首尾,何等惊悚!他5次遇劫,在湘江水面被盗贼"刀戟乱戳",但侥幸跳水逃命,而随行的静闻和尚为了保护经书和徐霞客的手稿等,受了两处致命伤。30多年来,他靠两条腿走遍天下,渴了,就饮山泉;饿了,就吃干粮;困了,就席地而睡;不避风霜雨雪,不惧豺狼虎豹,5次遇盗,数次绝粮,几次险些丧命,困难重重,却从未阻挡他前进的脚步,连毛泽东也不禁感叹:"我很想学徐霞客。"

他煌煌60多万字的《徐霞客游记》,是用无数次亲身涉险和苦痛换来的。他30多年的游历考察,主要是靠徒步跋涉,有时偶尔坐船,但绝不骑马,为的是便于进行实地考察,取得最可靠的第一手资料。他无数次履险临危,一路上穷困潦倒,甚至"卧处与猪畜同秽",但他只留下"无可奈何"寥寥几字便不再纠结。他长期过着"足泥衣垢""煨湿薪,卧湿草"的生活,受到"足痛未痊""膝肿痛不能升"的折磨。在过箐篁瘴地时不幸中毒,苦不堪言,"久涉瘴地,头面四肢俱发疹块,累累丛肤理间,左耳左足,时时有蠕动状。而苦于无药"。切身之痛,彰然纸面,读来令人心痛。在常年的考察中,即便吃不上饭,住在残垣枯树之下,牛栏猪圈旁边,他也仍然点起油灯或燃着枯草,在摇曳不定的昏暗火光中坚持写旅途见闻,日复一日,年复一年,从不间断。同时,他考察尤为仔细,只要发现记载有误,就一一记下,再次亲历考察,反复核验,加以辨证,才写下这部被誉为真文字、大文字的千古奇书。

科学精神不能没有人文滋养。三十功名,万里遐征,广博而深厚的人文情怀是徐霞客最原始的精神底质、最本真的情感底色,这种情怀体现在他对人与自我、人与自然、人与社会三大矛盾关系的处理中。

人与自我的关系,是徐霞客人文情怀的起点。他的先祖是东汉高士,北宋末年从开封落户江阴。南宋覆灭后,徐家拒绝做元朝的官员,归隐乡野,保持了"读书不仕""不染势利""务农为本""耕读传家"的祖风,几百年来生活贫寒。但徐霞客继承了父亲"志行纯洁"和母亲"勤勉达观"的秉性,15岁就藏身书楼,遍读四书五经,尤好古今史籍。族兄徐仲昭曾说他"弘祖性酷好奇书,客中未见书,即囊无遗钱,亦解衣市之,自背负而归。今充栋盈箱,几比四库"。足见他对书的痴迷程度。当他读到《晋书·陶渊明》时,就立下誓言:"大丈夫应当走遍天下,朝临烟霞而暮栖苍梧,怎能限于一地终老此生?"

读书之余,他喜欢探幽访胜、寻奇历险。他曾因探险受困山中3天未归,急坏了家仆,父亲徐有勉知情后却说:"你眉宇间有烟霞之气,我看啊,你是烟霞之客,以后应当壮游四方。"从此,徐弘祖便以"霞客"为号,更以"徐霞客"一名为后人所熟知,流芳百世。

19岁那年,父亲徐有勉病故,他在家里守孝3年。孝期满后,在母亲的支持下,徐霞客决定出游远行。临行前,母亲为他戴上了亲手缝制的远游冠,他和母亲约定:春草初萌时出游,秋叶染霜时归来。从此,他走出了"父母在,不远游"的桎梏,创造了那个时代知识分子的新活法。

出游在外,他鲜有回家的时候,一般都是婚丧、生子等事宜让他不得不回。但他每次回家,一定会给母亲带来远方的奇花异草、鲜果良品,并将出游的历险经历如实相告。母亲不禁赞叹:"你有这样的经历,不愧为男子汉大丈夫。"

临终时,徐霞客说:"汉代的张骞,唐代的玄奘,元代的耶律楚材,都是接受皇帝的命令前往四方。我只是一介布衣,拿着竹杖,穿着草鞋,凭一己之力游历天下。虽死,无憾。"

人与自然的关系,是徐霞客人文情怀的亮点。翻读《徐霞客游记》,犹如参阅生态样本。一部游记,遍地开花,菊花、桂花、桃花、梅花、兰花、玉兰花、山茶花、山鹃花;满篇文字,到处生绿,山绿、水绿、树绿、草绿、崖绿、山寨绿、田野绿、青苔绿。他用最精美的文字,描摹最奇妙的世界,表达最深沉的情感。追求文化意蕴,崇尚自然法则,遵从客观规律,成为徐霞客一生的遵循。

人与社会的关系,是徐霞客人文情怀的高点。《徐霞客游记》是科学巨著,也是调研笔记,记录了众生百相,宛如明朝版的《清明上河图》。

最让人动容的是徐霞客与静闻和尚的友谊。他在《游记》中240多次写到静闻。静闻在南京迎福寺禅诵近20年,用自己的鲜血写了一本《华严经》。听闻徐霞客去过鸡足山,遂想与其为伴,一同前往心之所向。徐霞客被其感动,便答应了。静闻一路随行,两人行至湖南湘江,一伙强盗冲进他们的船里烧杀抢掠。静闻被强盗捅了两刀,受了重伤,徐霞客跳入江中,才躲过一劫。到达南宁后,静闻一病不起。二人相约,徐霞客继续前行,静闻原地等候。临行前徐霞客专往崇善寺惜别,本已十分拮据的他留了些钱,托寺里僧人照顾静闻和尚。静闻自知来日无多,恐一去永诀,便讨得霞客的布鞋、茶叶等留作纪念。75天后徐霞客返回崇善寺,方知就在分别的第二天,静闻即长辞人世。徐霞客悲痛难已,一连写下6首《哭静闻禅侣》,可谓痛断肝肠。徐霞客遵从静闻的遗愿,背上他的骨灰匣,历时一年护送到静闻生前向往的鸡足山悉檀寺安放并含泪诀别,"别君已许携君骨,夜夜空山泣杜鹃。"

没有思想的民族走不远,没有探索精神的民族立不住。历数先贤,不应该忘记作为探险家的徐霞客。让徐霞客的探索精神霞映古今长天,照耀当今时代,是我们文化自信的体现。

(摘自人民网《生命没有来处,唯有远方》,选文有删改)

【评价摘录】

徐霞客千古奇人,其书乃千古奇书。

——明末清初学者钱谦益

徐霞客是一位伟大的时代先驱,封建传统的叛逆者,科学领域的拓荒人。

——中科院院士侯仁之

【其人语录】

五岳归来不看山,黄山归来不看岳。

生平只负云小梦,一步能登天下山。

大丈夫当朝游碧海而暮苍梧。

按照示例，请你来补充一下徐霞客的具体品质。

具体品质	例证简述
勇于探索，注重实践	徐霞客是中外历史上第一个系统考察丹霞地貌的专家，他深入考察丹霞地貌、喀斯特地貌的成因、特征、分布等，发现岩洞是由于水冲刷侵蚀而成，洞中的钟乳石是由含钙质高的水滴蒸发凝聚而成，这比欧洲科学家早150年到200年。他被国外学者称为近代岩溶地貌之父、最卓越的地理地质学奠基者。
执着、坚守	徐霞客从20岁左右开启探险之旅，直到53岁后因"两足俱废"而东归，他一生只做一件事，志在天下，特立独行。
无惧无畏，意志坚定	徐霞客科考的成果，是生命的代价。无数次履险临危，一路上穷困潦倒，受疾病困扰，但他从未放弃。

你积累的名句有哪些?

适用主题	摘录语句

踽踽独行的国学大师

陈寅恪(1890—1969),字鹤寿,江西修水人。他是中国现代最负盛名的集历史学家、古典文学研究家、语言学家、诗人于一身的人物,与叶企孙、潘光旦、梅贻琦一起被列为"清华百年历史上四大哲人",与吕思勉、陈垣、钱穆并称为"前辈史学四大家",与王国维、梁启超、赵元任被称为"清华国学院四大导师",著有《隋唐制度渊源略论稿》《唐代政治史述论稿》《元白诗笺证稿》《金明馆丛稿》《柳如是别传》《寒柳堂记梦》等。

当年清华大学上下都叫他陈寅恪先生，然而在不少字典里并没有"恪（què）"这样的读音，有人请教他："为什么大家都叫你寅恪（què），你却不予纠正呢？"陈先生笑着反问道："有这个必要吗？"他似乎更希望人们了解他的学问及其价值，他的生命是和学术连在一起的。他在国难、家愁和个人的坎坷中，为学问付出了一生，被称为"活字典"。

1925年，清华大学成立了清华国学研究院。研究院的宗旨是用现代科学的方法整理民族文化的精粹，培养国学人才。当时的清华大学还是留美预备学校，让留美预备学校来办国学院，这本身就是要吸收西学来建设自己的文化。新成立的国学研究院有四大导师：第一位是开创用甲骨文研究殷商史的王国维；第二位是戊戌变法的核心人物，著述等身的梁启超；第三位是从哈佛大学回来的著名语言学家赵元任。三位导师性格各异，但都大名鼎鼎。而四大导师中最晚到校的陈寅恪，在当时并不出名。

陈寅恪出任研究院的导师，一种说法是国学研究院主任吴宓的推荐，他因为了解陈寅恪的博学多才而推崇备至；还有一种说法是梁启超的提名，据说梁启超为了推荐陈寅恪，还曾与清华大学校长曹云祥有过舌战。校长说："陈寅恪一无大部头的著作，二无博士学位。"梁启超说："没有学衔，没有著作，就不能当国学院的教授啊？我梁启超虽然是著作等身，但是我的著作加到一起，也没有陈先生300字有价值。"梁启超还说:"这样的人如果不请回来,就被外国的大学请去了。"最终在德国游学的陈寅恪接到了国学院导师的聘书,当时他刚年满36岁。

陈寅恪上课旁征博引、信手拈来、幽默风趣,他分析各国文字的演变,讲得思路清晰,生动有趣;他视野开阔,知识广博,课余跟同学们交流,能把葡萄酒原产何地、流传何处的脉络都讲述得一清二楚。他所开的课,很快都成了清华大学的热门学科,后来的国学大师季羡林也是慕名报了陈寅恪的国学研究院,并在陈寅恪的影响下终身从事了国学研究。

陈寅恪涉猎面广,对宗教、历史、语言、人类学、校勘学等均有独到的研究与著述。他曾说:"前人讲过的,我不讲;今人讲过的,我不讲;外国人讲过的,我不讲;我自己过去讲过的,也不讲。现在只讲未曾有人讲过的。"因此,陈寅恪的课上学生云集,远在城内的北大师生也成群结队,跑到郊外的清华园来旁听。甚至连名教授如冯友兰、朱自清、吴宓和北大的德国汉学家等都风雨无阻地听他的课。每到陈寅恪上《中国哲学史》的时候,大哲学家冯友兰先生就从教员休息室出来,在教室门口给陈寅恪恭恭敬敬地鞠躬,然后进教室听课。陈寅恪因此获得了"活字典"的称号,也有人称他是"教授的教授"。

陈寅恪出身名门。祖父陈宝箴,曾任湖南巡抚。父亲陈三立,是著名诗人,也是"清末四公子"之一。钱钟书曾说:"唐以下大诗人,可用一个地理词语来概括——陵谷山原。""陵"是杜少陵,"谷"是黄山谷,"山"是李义山,"原"是陈散原。陈散原,便是陈三立的号。夫人唐篔,是台湾巡抚唐景崧的孙女。他因为出生在这样的显赫之家,而又学识过人,在清华大学任教时被称作"公子的公子,教授之教授"。

陈寅恪游学海外16年,带回的却是东方学术文化。早年的湖南原本是保守闭塞之地,在洋务运动中却突然开风气之先,这得益于当时的湖南巡抚陈宝箴。陈宝箴有个助手,也就是他的儿子陈三立,父子俩在戊戌变法失败后被朝廷革职,原因是他们在湖南率先变法。陈寅恪9岁那年,家国大难一齐降临,之后,陈宝箴携家带口回了江西老家,陈三立索性专注于诗歌创作。这个在中国近代历史上的显赫门庭,最终走向了与传统仕宦截然不同的道路,父亲陈三立不要孩子应科考、求功名,在陈寅恪13岁时就把他和哥哥送去日本,求学于著名的巢鸭弘文学院。

自小博闻强记,打下坚实旧学基础的陈寅恪,因此并行不悖地接受了西方文化,之后又登上了去西洋的轮船,先后就读于德国的柏林大学、瑞士的苏黎世大学、法国的巴黎高等政治学校、美国的哈佛大学,最后又回到德国。在这些著名学府,他皆以天才闻名,他学物理、数学,也读《资本论》。在国外留学的16年,他学习了梵文、印第文、希伯来文等22种语言,学问贯通中西,融汇古今。1919年,吴宓在哈佛大学认识陈寅恪后惊为天人,他说:"吾必以寅恪为全中国最博学之人!"

陈寅恪一辈子以家族为荣,念念不忘自己的身世,也终生背负着家国的使命。因此,陈寅恪在国外读书,没有要各专业的学分。他注册的是印度学系,他在那儿上完所学专业,就去旁听其他专业的课程,他说:"考博士并不难,但两三年内被一个具体专题束缚住,就没有时间学其他知识了。"

不求博士文凭的陈寅恪,却形成了自己的学术视野。16年游学历程,让陈寅恪在浩瀚的西方学术研究中发现,中国文化在世界学术中的地位很高,这跟当时中国地位低下的现实恰恰相反,跟国内批判传统文化、打倒孔家店也完全不一样。他后来明确主张的中国学术应吸收输入外来之学说,不忘本来民族之地位,就是以这样一种感受为基础的。

陈寅恪有着深厚的国学根底，也接受了严格的西学训练，但他从不满足，仅仅梵文一项，就先后研修学习了整整10年。当时中国学术正处在逐渐向国际学界转轨的时候，在清华大学校方包括他的同事梁启超、王国维的鼎力支持下，陈寅恪为中国学术开辟了一个崭新的领域——对不同民族语文与历史的比较研究。每逢上课，陈寅恪总是抱着很多书，吃力地走进教室。他讲授佛经文学、禅宗文学的时候，所带的书一定是用黄布包裹着的，而讲授其他课程的时候，他带来的书则是用黑布包裹着的。课堂上，他旁征博引，妙语连珠，因而，只要是从国学院毕业的学生，后来都成了学术大家。其中就有语言学家王力、敦煌学家姜亮夫、历史学家谢国桢、考古学家徐中舒、文献学家蒋天枢等。

1932年夏，清华大学中文系招收新生，陈寅恪应系主任之邀出考题。不料他出的题目非常简单，考题除了一篇命题作文《梦游清华园记》外，另一题是对对子，上联是"孙行者"。陈寅恪拟定的标准答案是"胡适之"，若是"王引之""祖冲之"也可，但许多同学都交了白卷。当时白话文运动正蓬勃发展，有人对此在报上批评清华大学食古不化，陈寅恪给出了四条理由：一是测试学生能够区分虚字、实字及其应用，二是测试考生能否区分平仄声，三是测试考生读书之多及语藏之贫富，四是考察考生思想条理。陈寅恪的解释一经发表，这场风波即告平息。

20世纪30年代，陈寅恪把目光投向了魏晋南北朝和隋唐时期，也就是学界通称的中古史。这是陈寅恪第一次改变学术方向，其中当然有很多原因，而最大的因素就是与抗战有关。卢沟桥事变爆发后，日军逼近清华园车站，北平即将不保。父亲陈三立这时已85岁了，这位在上海"一·二八"事变发生后，十九路军指挥抗战时，梦里狂呼"杀日本人"的老人开始绝食了。5天后，陈三立去世了。为父亲守灵时，日本宪兵前来拜访,并要求陈寅恪留下来教书,但陈寅恪断然拒绝。由于高度近视,再加上悲恸过度,致使右眼视网膜剥离,陈寅恪已经看不清东西了。医生告诉他急需手术,不然就有失明的危险,但做了手术就需要相当长时间的休养,当时清华大学、北京大学、南开大学正在南迁,为了尽快离开沦陷区,他放弃了复明的希望,最终选择了不做手术。

在为父亲守孝期满后,陈寅恪和家人偷偷潜出北平,直奔昆明西南联大。到达西南联大后,陈寅恪右眼已经失明,为了教好学生,振兴中华,他常常秉烛达旦备课和写作。灯光昏黄加上用眼过度,致使左眼也患上眼疾。

在离开北平之前,陈寅恪把他的藏书寄往将要前往的长沙,但赶到长沙,还没等到这些藏书,他又随清华大学匆匆南迁云南。当藏书到达长沙时,竟然悉数被焚毁在战争的大火之中。

陈寅恪做学问的方式不是做卡片,而是在书上随读随记,也就是古人说的眉批,眉批上写满了他的思考、见解和引证,这是他学术研究的基础。藏书烧毁了,而他随身带着的常用的、备用的书,在绕道去昆明的路上,大部分也被盗走了,这意味着他以后的学术研究将主要依靠他的记忆。

家亡国破此身留,客馆春寒却似秋。在几乎没有参考书籍的情况下,陈寅恪撰述了两部不朽的中古史名著——《隋唐制度渊源略论稿》和《唐代政治史述论稿》。

陈寅恪写书的种种细节,至今仍被后世记忆着。在四川李庄的时候,邓广铭先生住在陈寅恪的楼底下,傅斯年对他说,陈先生如果有什么事一跺地板,你就马上跑上去。有一次邓广铭跑上去,看见陈先生躺在床上呻吟,说:"我快要死了,我这个身体快不行了,我坚持不住了。但我不写完这两稿,我不死。"

在国际汉学界具有广泛影响的《剑桥中国史》在提到陈寅恪时给予了褒奖:"解释这一时期政治和制度史的第二个大贡献是伟大的中国史学家陈寅恪,他提出的关于唐代政治和制度的观点,远比以往发表的任何观点扎实、严谨和令人信服。"

身处战火之中,他的工作条件是非常恶劣的。陈寅恪之女陈美延回忆说:"父亲在一个茅草房里工作,平日里汗流浃背。风雨一来,那房子就似乎被刮倒压塌,里面没有桌子,只有一个箱子,父亲搬一个小凳趴在箱子上写文章。"

学术没有尽头,但他的眼睛却走到了尽头。由于长期用高度近视的左眼工作,陈寅恪的视力急速下降。当他辗转来到成都燕京大学,到学期期末考试评卷的时候,他已经难以把学生的成绩及时无误地填入表格细小的成绩单里了。为避免出错,他只能让大女儿代替他把批改好的分数抄到表格上。1944年12月12日,陈寅恪的唐代三稿中的最后一稿《元白诗笺证稿》基本完成了。但就在这天早上,陈寅恪起床后痛苦地发现,他的左眼也看不清了,他只得叫女儿去通知学生今天不上课了。

他在成都的医院做了眼科手术,但手术没有成功。半年后二战结束,依然记得他的牛津大学请他赴伦敦治疗眼疾。要去英国,需借道香港,但万万没想到,陈寅恪刚刚抵达香港,太平洋战争就爆发了,伦敦之行遂成泡影。占领香港的日军还开出20万军票让陈寅恪在香港筹办文化学会,遭到严厉拒绝的日军更是以各种方式威胁陈寅恪全家,最终陈寅恪逃出香港回到了内地,但他的双眼彻底失去了看到光明的机会。

一个著书立说的学者失去了眼睛,无异于舞者失去双腿。此后,陈寅恪开始学着以耳代目,以口代笔,每天听别人读报纸练习口述著作,让家人帮他记录他要写的书信和诗作。在抗战如此严酷的境遇里,陈寅恪顽强地为后世留下了他对中国唐代历史的系统研究。他在大灾难面前,恪守着一个民族的史学传统:"史不可断,只要还有人在书写她的历史,这个民族的文化就绵延不绝。"

抗战胜利了,双目失明的陈寅恪由人搀扶着重新回到清华园,这时他已经57岁了,校长梅贻琦劝他休养一段时间。陈寅恪回答说:"我是教书匠,不教书怎么能叫教书匠呢?我每个月薪水不少,怎么能光拿钱不干活呢?"

1948年,国民党准备退到台湾,动员了很多学者离开大陆。陈寅恪对腐败的国民党极度失望,拒绝前往台湾。后来岭南大学的校长、教育家陈序经邀请陈寅恪到广州任教,陈寅恪就去了后来的中山大学。校园很美,一年四季树木常青,但是陈寅恪看不见,他在黑暗中已经生活了5年。陈寅恪以前上课很有特点,讲到情深处,他会长时间紧闭双眼,但他眼睛瞎了之后,再也没有人看见他闭着眼睛讲课。他永远睁着眼睛,一如我们今天见到的他晚年的照片,目光如炬。

为纪念清华研究院导师王国维而修建的那座纪念碑,今天依然矗立在清华园中。陈寅恪在碑文中表达了这样的思想:读书治学,只有挣脱了世俗概念的桎梏,真理才能得以发扬。陈寅恪认为,包括他和王国维在内的任何人,在学术上都会有错,可以商量和争论,但如果没有独立的精神,自由的意志,就不能发扬真理,就不能研究学术。在这个意义上,他说:"我要请的人,要带的徒弟,都要有自由思想、独立精神,不是这样,就不是我的学生。"

陈寅恪曾撰写了《柳如是别传》。在以往的历史叙述中,柳如是不过是明末清初的一个烟花女子。但陈寅恪通过研究发现,柳如是其实是一位有主见的才女,在那样一个大变动的年代里,从事着地下的反清复明活动。陈寅恪很感慨,一个弱女子,竟比五尺男儿更看重家国大义,他为这个奇女子立传,以此表彰"我民族独立之思想,自由之精神"。他通过这样一个人物,把明末清初这段波澜壮阔的历史,以百科全书式的视野展现出来。这部百科全书,煌煌85万字,陈寅恪为此耗费了整整10年的时间。

《柳如是别传》完成于1964年,这年陈寅恪75岁。生日前夕,陈寅恪见到了专程从上海赶来为自己祝寿的复旦大学教授蒋天枢。尽管这对师生在1949年以后只见过两次面,但多年来,他们通信不断。陈寅恪在写《柳如是别传》的时候,很多材料是蒋天枢在上海找到以后再寄给陈先生的。

当许多昔日的学生纷纷远离之后,这位出身清华的老门生的造访,对年迈的陈寅恪是巨大的慰藉。他郑重地做出了一个生命之托,即请蒋天枢将来为他编一套文集。他把自己晚年的心迹,写进了这篇送给蒋天枢的文章中。

18年后,《陈寅恪文集》问世,蒋天枢在自己80岁的时候完成了恩师的嘱托。当时蒋天枢自己的著作也需要整理,但是他把所有的事都放下来,先整理陈寅恪的书。

陈寅恪最后的7年,大部分时间是不能站立的,他在一次洗澡时不慎摔倒骨折了,1966年,他已经无法下床行走。

陈寅恪平生最大的愿望就是撰写《中国通史》和《中国历史的教训》,但因双目失明未能完成,这是个人的悲剧,也是时代的悲剧。

陈寅恪取得的学术成就影响着中国,他一生都在践行着一个知识分子应该具备的品质:专业性,在专业领域有深厚素养;公共性,关心自己的国家和社会;独立性,不依附或屈从于任何强权。在专业领域,陈寅恪乃三百年来一人而已。在公共性上,陈寅恪有着深厚的家国情怀。在独立性上，陈寅恪身上洋溢着鲜明的文人风骨，那就是——独立之精神，自由之思想。

（摘自《踽踽独行的国学大师》《他没有文凭，却被誉为三百年才出一个的大师》，选文有删改）

【评价摘录】

　　陈先生的学问，近三百年来一人而已。

　　　　　　　　　　　　　　　　——历史学家傅斯年

　　毫无疑问，陈寅恪先生堪称中国文化史上的一座丰碑，令人高山仰止，不胜敬慕！

　　　　　　　　　　　　　　——中国人民大学原校长纪宝成

【其人语录】

　　独立精神和自由意志是必须争的，且须以生死力争。
　　故无自由之思想，则无优美之文学。

按照示例，请你来补充一下陈寅恪的具体品质。

具体品质	例证简述
学识渊博，特立独行	陈寅恪精通12种语言，学问贯通中西，被称为"活字典"，教学上见解独到，坚持秉承"四不讲"原则，深受师生欢迎。
传承国学，坚守文化自信	陈寅恪留学国外13年，学习了22种语言，但能吸收输入外来的学说，不忘本民族的地位，回国后在清华大学开辟国学研究新领域。
富有担当与使命感	陈寅恪在双目失明的情况下坚持修史，他认为：国可以亡，史不可断，只要还有人在书写她的历史，这个民族的文化就绵延不绝。

你积累的名句有哪些?

适用主题	摘录语句

文艺复兴式的智者

赵元任(1892—1982),字宜仲,江苏省常州府阳湖县(今属武进县)人,著名的语言学家、翻译家、哲学家、作曲家,亦是中国现代语言学的奠基者,被称为汉语语言学之父,中国科学社创始人之一。

他被称为罕见的通才,一个文艺复兴式的智者。他精通7国语言,会说33种方言,同时还是数学家、物理学家、心理学家、哲学家、语言学家、音乐家,他就是旷世奇才赵元任。

他在不同学术间自由穿行,是哈佛大学的哲学教授,康奈尔大学的物理学博士,清华大学的心理学、国学导师。他用圆规画出哲学思想的半径,用数学公式算出吉他的音准,用各国语言学习相对论,他还是现代汉语的奠基人。

1920年,在胡适的反复劝说下,赵元任终于来到了清华大学。然而面对这样一位奇才,清华大学感到非常苦恼,实在不知道让他教什么好。

清华国学研究院几经商榷,决定让他教数学。等赵元任到校后,又加开了一门英语。教了没两个月,教务长想了想,还是让他教中国史和哲学。教了一段时间,又觉得太浪费他的才华了,于是改为教心理学和物理。这就是赵元任在清华大学最初的执教生涯。

赵元任不凡的才华得益于他早期的启蒙。1892年11月3日,赵元任出生于天津一个书香世家。祖父和父亲都是清朝举人,母亲诗词兼修,还会昆曲、书法。赵元任从开蒙之时,便开始阅读《大学》《论语》《左传》等典籍,14岁时遇到了学识渊博的吕思勉先生。吕思勉是一位时代意识很强的史学家,赵元任在吕先生的国文课和历史课上,不仅学习文史方面的知识,还学了研习文史的方法。触类旁通,这也启发了他通过对不同学问方法的研究快速获取各类知识的智慧。

童年时期的赵元任，便表现出远高于常人的聪颖。当时祖父在北方做官，差事经常变换，赵元任也跟着到处跑。如此东奔西走，居然激发了他的语言天赋。他跟着老人学保定话，跟着表弟学常熟话，一个老先生才教了他几天，他就学会了常州话。还没到12岁，他就学会了北京、江苏、河北等地方言。

英国著名作家来辛曾说："好奇的目光常常可以看到比他所希望看到的东西更多。"赵元任从小兴趣就十分广泛，他对数学、天文、音乐、生物样样好奇。15岁那年，他第一次离开家，到南京的江南高等预科学堂上学，学习英文之余，他又兼修了德文。课余时间，他喜欢跟来自五湖四海的同学聊天，一年时间下来，这个十几岁的孩子居然可以随心所欲地运用8种方言。

凭着这种聪明和勤奋，3年预科还没读完，赵元任就来到北京，报考了清华大学的留学官费生。当时要考十几门功课，包括英文、德文、拉丁文，但他之前没有学过拉丁文。于是在考试前20天，他自学了拉丁文。结果，这次考试一共录取了70名学生，赵元任以优异的成绩位列第二，还有一名位列55的学生是后来成为赵元任最好朋友的胡适。

到了美国康奈尔大学之后，赵元任的兴趣就变得更广泛了。他先选修了哲学发展史、逻辑学，但童年时期的很多疑惑仍未解开，于是又选了实验物理、力学热学、有限群理论、系统心理学和语音学。虽然学得如此庞杂，却没有一门是浅尝辄止。作为一个外国留学生，他的数学拿了3个100分，一个99分，创下了康奈尔建校以来最优异成绩的纪录。

1914年，他拿到数学学士学位，这时候老师告诉他："凭你的资质，数学或哲学的研究生奖金，你可以随便申请一个。"赵元任想了想，数学已经学得差不多了，于是他换了专业，成了康奈尔大学哲学系的研究生。

学习没有止境，那几年里，赵元任不但文理兼修，而且所学之精，钻研之深，恐怕后来再也没有人能够超越。难怪胡适对他佩服得五体投地，只要与人评论留美人物，就说常州元任君位居第一。

赵元任认为：音乐是人类的第二语言。在忙碌的学习生活中，音乐始终伴随着他。他精通各种乐器，终生与钢琴为伴。从学生时代就开始写歌，一生创作了百余首歌曲，很多人都喜欢唱他写的《尽力中华》。他最著名的作品就是那首《教我如何不想他》：天上飘着些微云，地上吹着些微风。啊！微风吹动了我的头发，教我如何不想她？曲韵悠长，耐人寻味，浓浓的思念和缠绵流转其中。萧友梅曾盛赞他："替我国音乐开创了一个新纪元！"

好奇是知识的萌芽。在赵元任面前，这个世界似乎处处都是谜团，仅仅凭某一学科的知识，是无法满足他的好奇心的。读研究生那几年，他可以胡乱穿衣，几个月不刮胡子，却能天天窝在床上阅读康德、罗素的书，累了就做物理实验或者听唱片。

研究生一毕业，赵元任又报考了哈佛大学。1918年，拿到哈佛大学哲学博士学位后，他回到康奈尔大学任教，母校给他提供的职位居然是物理学讲师。1921年，他重返哈佛大学研究语音学，还当了哲学讲师和中文系教授。

深受儒家思想熏陶的赵元任不光读书，在研究生就读期间，他还和留美学生一同创办了中国科学社。在他留学期间，西方的工业文明和各种先进科学技术已经进入了爆发期，而古老的中国却还在科学的门槛外。赵元任认为，我泱泱中华之所以羸弱，就是因为科学不发达。为了倡导更多的人投身科学，传播文化知识，他们一起创办了一本杂志，将其定名为《科学》，这就是中国最早的学术期刊。而中国科学社后来也聚集了中国最早的一批科学大家。

1920年，罗素被邀请到中国讲学。众所周知，罗素所学的门类也是无比庞杂，他是哲学家、历史学家、数理逻辑家、文学家，知识面覆盖宗教、伦理、历史，与怀特海合著的《数学原理》，对逻辑学、数学、哲学、语言学产生了巨大影响，后来还获得了1950年的诺贝尔文学奖。能跨越如此多学科做罗素翻译的，全中国只有赵元任一人了。

要做罗素的翻译实在太难了，非但学科知识要扎实，而且要懂得语境之妙，因为罗素还是个顽童，总爱说双关语，一句幽默的英文翻译成汉语已是难上加难，可赵元任偏偏还能找到对应的方言，常常翻译得满堂学生哈哈大笑。

赵元任当翻译与众不同，每到一个地方，他就用当地的方言来翻译。他在火车上向湖南人学长沙话，等到了长沙，已经能用当地话翻译了。演讲结束后，竟有人跑来和他攀老乡。

第二次世界大战后，赵元任到法国参加会议。在巴黎车站，他对行李员讲巴黎土语，对方听了，以为他是土生土长的巴黎人，于是感叹："你回来了啊，现在可不如从前了，巴黎穷了。"后来，他到德国柏林，用带柏林口音的德语和当地人聊天。一位邻居又错把他当成了本地人，对他说："你躲过了这场灾难，平平安安地回来了。"

赵元任善于利用时间。他一面做罗素翻译，一面利用闲散时间译著了那本世界著名的童话故事《爱丽丝梦游仙境》。中华人民共和国成立后，虽也出现过别的译本，但论文字的韵味，翻译的精巧，无人能够与赵元任的译本相媲美。

经历了这一系列事件后，赵元任终于确定了自己的方向，那就是用科学的方法研究语言。1921年，他在哈佛大学研习语音学，次年回到清华大学，他又开始教授数学、物理学、音韵学、现代方言研究、乐谱研究和西洋乐鉴赏。

1927年起，赵元任奔波于全国各地，开始深入研究中国的方言，展开了中国第一次系统的方言调查，历经2个月，采访了200余人，录音60多段，最终《现代吴语的研究》出版。这是中国首部用现代语言学方法研究方言的著作，成了现代汉语方言学诞生的标志。

1929年，他又去两湖两广，调研了67种方言，并记录了大量民谣。当时中国交通环境极差，火车、轮船、马车、小划子、三轮……各种交通工具他都坐过。为了获取第一手资料，他必须到当地采访，一路上，吃住条件极为恶劣，连着几个月没睡过一次好觉。就这样，赵元任边走边学，最后竟学会了全国33种方言。

赵元任学习语言时善于探寻规律，所以掌握得快捷而准确。他随处留意，转学多位名师，他向许多他教过的学生学方言，他与人们用不同的方言交谈，他还用口技表演"全国旅行"，凭方言"走遍"大半个中国，每"到"一地，他便用当地方言介绍名胜古迹和土特产，听得学生目瞪口呆。

在语言、文字的研究上，赵元任总能以巧妙有趣的方式挖掘出最为本质的问题。比如当初他意识到纯拼音无法完全表述方块字文献，于是就写下了非常著名的《施氏食狮史》，文中有这样一段话："石室诗士施氏，嗜狮，誓食十狮。氏时时适市视狮。十时，适十狮适市。是时，适施氏适市。氏视是十狮，恃矢势，使是十狮逝世。氏拾是十狮尸，适石室。石室湿，氏使侍拭石室。石室拭，氏始试食是十狮。食时，始识是十狮，实十石狮尸。试释是事。"

译文如下，竟有些《聊斋》的味道：有一位住在石室里的诗人叫施氏，爱吃狮子，决心要吃10只狮子。他常常去市场看狮子。10点钟，刚好有10只狮子到了市场。那时候，刚好施氏也到了市场。他看见那10只狮子便放箭，把那10只狮子杀死了。他拾起那10只狮子的尸体带到石室。

石室湿了水,施氏叫侍从把石室擦干。石室擦干了,他才试试吃那10只狮子。吃的时候,才发现那10只狮子,原来是10只石头狮子。试试解释这件事吧。

赵元任不仅使用科学记音方法记录了一大批汉语方言的语音,还为我国一些少数民族语言记音。《广西瑶歌记音》揭示了我国汉族瑶族之间亲密的语言文化接触,《第六代达赖喇嘛仓央嘉措情歌》至今仍是研究拉萨话的重要参考材料。赵元任认为只有规范祖国的语言,克服方言造成的语言障碍,书写口语中鲜活的白话,才能真正唤起民众,达到实现政治民主的目的。

在音乐创作和音乐理论方面的研究,赵元任同样表现出严谨的科学精神。他在美国学习期间,认真学习了和声、对位和作曲等课程,在其后音乐创作实践中严格遵循音乐创作的规律,创造了"五个第一",即我国第一位能熟练运用西方和声和转调技巧的作曲家,第一位赋予钢琴伴奏特殊表现功能的作曲家,第一位特别重视声韵、词曲密切配合的作曲家,第一位用新诗来谱曲的人,第一位运用民间素材进行歌曲创作的人。他被称为中国的舒伯特,这种舒伯特派的艺术歌曲在我国音乐界开了一个新纪元。

在音乐创作中,他取材与社会生活密切相关的内容,其音乐作品涉及民歌、校歌、爱国歌曲、家庭歌曲、社团歌曲、运动会歌曲以及一些直接批判社会现实的歌曲,充满着生活气息,充满着爱和恨。他为孩子们(包括自己的孩子)和自己本人谱写了一些以游戏为目的的曲子。这些曲子后来也被人们广泛传唱。他在音乐艺术方面的创作给人类带来了心灵上和感官上美的享受,也给社会生活带来了斑斓的色彩。

赵元任致力于学术,别的都不在他考虑氛围之内。1918年,钱玄同猛烈抨击古汉语,称其为"孔门道教的妖言",主张废除,改用世界语。

当时舆论纷纷响应，唯独赵元任一个人安安静静。5年后，赵元任的《国语罗马字的研究》横空出世，自称还是草稿尚不成熟，却比当时任何一份拉丁字母都要完善，最终成为今日汉语拼音的基础。可以说，每一个学习汉语的人，都在享受赵元任的研究成果。

为潜心研究学术，赵元任从不做官，清华大学推举他为校长，也被他拒绝。

然而，1938年的中国风雨飘摇，偌大一个中国竟已摆不下一张课桌，赵元任的方言研究也不得不中断，他选择去国外避难。没想到这一走就是大半生，直到1973年，中美关系缓和，赵元任携同夫人回到阔别30年的故土。那次归国之行，赵元任一连三次，在不同场合唱起《教我如何不想他》，表达对祖国的日夜思念。

赵元任身在海外心系祖国，1914年他在大学读书时创作了《尽力中华》，自己作词并谱曲，盼望为振兴中华尽力。后来他谱写了许多爱国歌曲，如《我们不买日本货》《背着枪》《抵抗》《看醒狮怒吼》《教我如何不想他》等，其中《教我如何不想他》传唱最为广泛。

他对语言的爱，是对祖国语言文字改革事业的爱。他认为语言文字是人类心灵沟通的媒介，沟通度越高，得到的友爱自然就越多。只有充分沟通的世界，才有可能是个充满友爱的世界，精神文明的世界。赵元任担任美国加州大学教授期间也主要讲授汉语音韵学、汉语语法、汉语方言等课程。他深知自己肩负的是怎样的责任，让一个国家的语言简便、规范是多么重要的一件事。

赵元任不仅是一位博学的汉学家、天才的语言学家、著名的音乐家，还是一位出色的教师，从1916年赵元任到康奈尔大学教物理时算起，他的教学生涯长达60年，培养了王力、丁声树、吴宗济等语言学的顶尖人才，也为美国培养了像罗杰瑞、易家乐等著名的汉学家。

赵元任活泼开朗,胡适说他是不可救药的乐观主义者。他永远荡漾着一种看了叫人忘忧的微笑,你一见他笑,你就可以看出他的快乐,新鲜的像早上草叶上的露水。在那个悲怨色彩浓得化不开的时代,他不愿唉声叹气地度日,不愿在谴责谩骂中生活。他相信社会总得进步才行,他劝告悲观者:"现在不像从前,怎见得将来总像现在?"他与人为善,无论是谁,只要具备一技之长,他都乐观其成。

赵元任床头总放着一本《唐诗三百首》,在他仙逝的前一天晚上,他还用常州话吟诵杜甫的诗《旅夜书怀》:星垂平野阔,月涌大江流……

从1906年他14岁开始第一次写日记,到1982年2月24日去世,共70多年,他的日记从未间断过。

(摘自《赵元任早年自传》《一代大师赵元任》,选文有删改)

【评价摘录】

替我国音乐界开一个新纪元。

——音乐创始人萧友梅

【其人语录】

品德是成功人生的基石。

言有易,言无难。

按照示例,请你来补充一下赵元任的具体品质。

具体品质	例证简述
敢于尝试,大胆突破	赵元任用圆规画出哲学思想的半径,用数学公式算出吉他的音准,用各国语言学习相对论。
兴趣广泛,兼收并蓄	赵元任精通7国语言,会说33种方言,同时还是数学家、物理学家、心理学家、哲学家、语言学家、音乐家,成为学贯中西横跨文理的通才。
天赋与勤奋	赵元任见缝插针,珍惜时间,随处留意,转学多师,坐一趟火车,学会一种方言。

你积累的名句有哪些?

适用主题	摘录语句

最是痴心在读书

钱钟书(1910—1998)原名仰先,字哲良,后改名钟书,字默存,号槐聚,中国现代作家、文学研究家。曾获牛津大学学士学位,先后完成学术著作《谈艺录》《宋诗选注》和长篇小说《围城》。1972年,62岁的钱钟书开始写作《管锥编》,1982年《管锥编增订》出版。1998年12月9日,钱钟书先生因病逝世,享年88岁。

1929年，清华大学来了位19岁的怪才，数学只有15分，总分却在录取的174名男生中位列57。校长罗家伦以"国文特优、英文满分"将其破格录取。这位怪才就是钱钟书。

钱钟书出身于书香世家，祖辈都是举人秀才，父亲钱基博是清华大学教授。钱钟书抓周时，在眼花缭乱的各色物品中，他毫不犹豫地抓了一本书，故而父亲给他改名叫"钟书"。他从小就聪明绝顶，4岁已识得千字，《说唐》《三国演义》等小说全部能够阅读，并且喜欢对书中人物指点评价，父亲就将给他起的字"哲良"改为"默存"，希望他能够沉默乖巧，但随着他阅读量的不断扩大，他指点评价的热情和能力却有增无减。后来，他过继给了伯父，伯父每天会给他三个铜板，一个给他买酥饼吃，两个给他买小人书。对书里的内容，他不但过目不忘，还经常自编自导自演，渐渐地他对深奥的哲学、美学、文艺理论等大部著作，也能像小孩吃零食那样吃了又吃，厚厚的一本本书就慢慢看完了。

诗歌更是他喜欢的读物，重得拿不动的大字典、词典和百科全书等，他不仅挨个字母逐条细读，见了新版本，还不厌其烦地把新条目补充在旧书上。在旁人看来，一本索然寡味的字典，他竟可以捧在手上看一个多月,而且看得津津有味。他还常说,字典是旅途中的良伴,他已深得阅读字典的乐趣,而且已经养成习惯。他专心读书时,对什么都不去计较,家里人评价他:最为稚钝。但他一旦放下书本,又全没正经,专爱对书中内容或者写法直言不讳地大加议论。

初到清华大学,钱钟书就放言要横扫清华图书馆,为此,他在清华大学读书四年,北京的著名景点几乎没有去过,他说:"只要有书可读,别无营求。"他也因"狂人"被同学们广为熟知。每次考试钱钟书都是第一,甚至还屡破清华大学纪录。只要不上课,他就在图书馆待着,一周阅读中文经典,一周阅读欧美名著,交互行之,四年如一日。他做笔记的时间,大约是读这本书的一倍。他说:"一本书,第二遍再读总会发现第一遍读时会有许多疏忽,最精彩的句子,要多读几遍才能发现。"读得起劲时更顾不得是公共图书,直接用笔在书上画标记,还要加上评论语。这种一开始就不同凡响的习惯一直持续到毕业,钱钟书也获得了"清华之龙"的雅称。所有课上涉及的文学作品他全都读过,他甚至成了老师的"顾问",还常常临时代替教授上课。

黄永玉翻遍《词源》《辞海》《佛教大辞典》,找不到"凤凰涅槃"的典故出处,钱钟书告诉他:"你去翻翻中文版《大不列颠百科全书》,在第三本里可以找到。"黄永玉按照钱钟书说的一翻就找到了。后来,钱钟书已是名震遐迩的大学者了,还在不断地翻看书籍,经常抄录、做笔记,并常常忘记时间。文学研究所图书馆馆藏线装书十分丰富,许多线装书的借阅卡上只有钱钟书一个人的名字。图书室当年收藏了许多好书,特别是珍贵的外文书,其中不少就是钱钟书帮助订购或搜寻来的。他数十年学术积累的结晶《管锥编》就是一部体大思精、旁征博引的学术巨著,全书用典雅的文言写成,引用了大量的英、法、德、意、西原文。他的另一部巨著《谈艺录》,全书45万字,是中国最后一部集传统诗话之大成的书,也是第一部广采西方人文、社科新学来诠评中国古典诗学诗艺的书。

世界有多复杂,书就有多复杂;人有多少种,书就有多少种。钱钟书读书如痴如醉,在广阔的图书里饱览了人间风味。

钱钟书之狷狂,在其才学之高。一次上完课,老师吴宓问钱钟书:"你认为我的课讲得怎样?"钱钟书头一昂:"好像不怎么样,您讲的我都知道,希望您以后讲些新的东西。"吴宓听后也不生气,笑眯眯地望着钱钟书。多年后,钱钟书回想起当时的情况,自觉年少任性太鲁莽,恃才傲物过轻狂。

每个人书生意气的少年时代,都透着一股初生牛犊的勇气,有着挥斥方遒的渴望。时代的包容与豪迈通过人生际遇转化成他满满的骄傲,再通过他自信的胸腔抒写出来。毕业时校长罗家伦告诉钱钟书,校方有意让他留校或在西洋文学研究所攻读硕士学位。

父亲可能早料到儿子会有如此才学,也希望他"默而成之,不言而信,存乎德行",但父亲万万没想到的是,钱钟书不仅有才还是个毒舌,简直就是文学界的混世小魔王。只有一人能收服得了他,那人便是杨绛。

许是情人眼里出西施,初次见面,钱钟书身穿青布大褂,脚穿布鞋,睿智的眼神在一副老式眼镜后边放着光。身边的人对钱钟书的外表评价是出了名的憨,杨绛却觉得他眉宇深秀。不少传闻说他俩一见钟情,其实不然。平时钱钟书看谁都不顺眼,但一看见杨绛他就喜欢上了,因为,在他眼里杨绛全身都是宝。第二次见面,钱钟书就忍不住对杨绛说:"外面的人说我已经订婚,都是瞎说,你别信他们啊。"杨绛答道:"他们说追我的男孩子从清华排到北大,也有人说费孝通是我男朋友,其实我单身。"

钱钟书开始给杨绛写情书：如此良辰如此月，与谁指点与谁看。有人说，真爱会让人发现自己不一样的一面。说话刻毒的钱钟书自遇到杨绛后，才自然而然地学会了赞美。从此，世间多了一对让人艳羡的眷侣。

1935年，杨绛陪同钱钟书去英国牛津大学读书。初到牛津，杨绛很不习惯异国生活，又乡愁迭起。为缓解杨绛的心绪，平日里笨手笨脚的钱钟书煮了鸡蛋，热了牛奶面包，还沏了醇香的红茶。睡眼惺忪的杨绛被钱钟书叫醒，他把一张用餐小桌支在床上，美味的早餐放在小桌上，这样杨绛就可以坐在床上随意享用。吃着丈夫亲自做的饭，杨绛欣喜地说："这是我吃过的最香的早饭。"钱钟书望着妻子高兴地笑了。

这样的早餐，钱钟书一做就是几十年。1972年的早春，钱钟书照常送上早饭，杨绛吃着忽然诧异地说："谁给你点的火呀？"钱钟书得意地说："我会划火柴了！"这时的钱钟书已经62岁，才刚学会划火柴，而促使他学会划火柴的动机则是为了给妻子做早餐。杨绛为自己保护了钱钟书的"痴气"而骄傲，也为"十指不沾阳春水"的丈夫能为自己下厨而感动。

可鲜为人知的是钱钟书左右脚不分，出门常常迷路，衣服前后老是穿反。在杨绛生女儿住院期间，钱钟书第一次尝到了没有杨绛在家的日子。一次去医院看望妻子时，钱钟书低着头一副不好意思的样子，小声说："我犯错误了，把墨水打翻了，染了桌布。"杨绛说："不要紧，我会洗。"第二天他又去了，说："我又犯错误了，把台灯搞坏了。"杨绛说："不要紧，我再去买一个。"杨绛的一句句"不要紧"让钱钟书心里甜甜的。

有人看完《围城》后，觉得被钱钟书的婚姻围城论欺骗了，于是跑去问钱钟书："你和杨绛一辈子那么幸福，为什么还能写出《围城》这样的作品呢？"钱钟书笑了笑说："难道吴承恩写出《西游记》，是真的去过西天取经吗？"文学和生活本来就是两回事。力求在文学里找到作者的八卦，根本就是愚蠢的做法，世事洞明的钱钟书，又怎会不知。知世故而不世故，是最成熟的天真。青年钱钟书的狂是一股狷狂之气，晚年钱钟书的狂则凸显其文人风骨。

《中国当代文化名人录》要将钱钟书收录进去，希望能够采访钱钟书，而且酬金优厚，可谓是名利双收，钱钟书却不愿参与其中，他笑着对前来邀请的人说："我都姓了一辈子钱了，难道还迷信钱吗？"在他80寿辰之际，有关部门要给钱钟书举行庆祝典礼，同样遭到他的婉拒。20世纪80年代，美国有很多非常著名的大学高薪邀请钱钟书去他们学校做讲座，但是钱钟书先生都拒绝了。他拒绝的理由是他们听不懂我的学问。他还有个怪癖，不肯参加任何"学会"，也不肯成为任何组织的代言人。势利纷华，不近者为洁，近之而不染者，为尤洁。

一个人要在充满诱惑的现实世界中保持初心，就必须给自己的灵魂腾出一方净土，谴责它，抚慰它，考验它，以永远保持它的高洁和纯净。《围城》到如今依旧是经典之作，书中刻画的一个个经典的暴发户伪君子跃然纸上。正是因为钱钟书看得透，所以才会敬而远之，拒绝没必要的人情往来和虚伪头衔。终其一生用天真永葆了最纯粹的自己，不为钱权，专心在老屋中研究热爱的学术。所以，人心惶惶时，他并不惶惶然。

无论是误解或是冷眼，都未能搅扰他内心的宁静。通世故是眼力，善交际是演技。对于人情这场戏，钱钟书只是不屑出演罢了。

钱钟书和杨绛在清华大学时养过一只猫，与猫打交道，比人要轻松得多。一次小猫上树后不敢下来，钱钟书想方设法把猫救了下来，小猫爪子软软地搭在钟书的腕上表示感谢。钱钟书说它知恩有灵性，特别心疼这只猫。

为了这只猫，钱钟书也结下了不少恩怨，其中就有林徽因。林徽因家也养了一只猫，被称为林家爱的焦点，像极了它的女主人。不幸的是,钱家的猫比较瘦小,在与林家的猫打斗时往往落了下风。为此钱钟书特地备了一根竹竿,不管多冷多晚的天儿,只要听见自家猫的惨叫,便知它受了欺负,就会拿了竹竿出门帮助爱猫打架。杨绛劝慰丈夫,你小说里不是说:"打狗还要看主人,那么,打猫要看主妇面了!"那只猫可是林徽因的猫,不要因此伤了两家的和气。但为了自家的猫,钱钟书可是豁出去了,照打不误。由此他还获得个雅号——护猫将军。

王尔德说:"不真诚是危险的,太真诚是致命的。"初识钱钟书的人会觉得他一脸稚气不通人情世故,细翻他的作品,又会发现他世事洞明、人情练达。看似不懂人情世故,恰恰是深谙人心。在大家都戴着面具的时代,别说为了一只宠物,多少人即使委屈自己,也不敢真实地表达需求。

一次好友夏衍过生日,84岁的钱钟书因身体不适正在住院,夏衍便委托女儿带着生日蛋糕替自己前往探望。在医院饮食受到约束的钱钟书胃口大开,津津有味地坐在病床上吃起了蛋糕。碰巧这个时候,一名摄影记者悄悄溜进了病房拍照。开始时,钱钟书背对记者没有理会,大嚼如初。渐渐这名记者胆大起来,转到钱先生的正面拍摄。措手不及的钱钟书愣了愣,撩起被子,连头带蛋糕一起钻进去,全然不管奶油弄的满被子都是,惹得周围人哈哈大笑。

妻子杨绛说钱钟书很有痴气,他会趁杨绛睡着时在她脸上画花猫,会和杨绛比赛谁看书速度快。临睡前钱钟书还要在女儿被窝里埋下"地雷",把大大小小的玩具或镜子、刷子、砚台、毛笔都埋进去,等女儿惊叫,他得意地大笑。钱瑗临睡前必定小心检查一遍,把被窝里的宝藏一一挖出来。这种玩意儿天天玩也没多大意思,可是钱钟书百玩不厌。生活的趣味本来就是点滴之中,最好的父爱,是在孩子面前,自己也跟着变成了孩子。

因为有痴气，所以做得了学问，读得进书；因为有痴气，所以会在作品里拿别人调侃开玩笑，但细细看来，大多并没有什么恶意；因为有痴气，所以他像老小孩一样爱看书，什么都读；因为有痴气，所以会在上课时画同学的眼睛变化图，画女儿玩耍时的情景；因为有痴气，所以明明聪明绝伦，且世态洞见，但为人做事经常天真无比；因为有痴气，所以年事已高了，还会拿着竿子去帮猫打架……一个人的时候，他能够保持内心的安静和丰盛；两个人时，可以相濡以沫，温暖而踏实；三口之家，也能相助相守，朴素而温馨。

晚年时钱钟书说："我年轻不懂事，又喜欢开玩笑，加上同学的鼓动，常常卖弄才情和耍弄小聪明。"

年轻时，我们总会将自己的创作冲动误解为创作才能。闯入人群，才晓得山外青山楼外楼。精神上理想主义者的钱钟书，敢于把梦做到底，敢于把人做到极致。有人说，论小说，钱钟书不是最好的；论思想，他也不是最深邃的；论及待人接物，他更不是最得善名的，但他却是最有趣独特的。

他虽写了许多讽刺世人的文章，却在历史中留下了一个狂狷坦荡的身影。他虽读书成痴，看似不问世事，却最深谙个中道理。他知人之丑陋、愚蠢、虚伪是没法子的事情，知道世界喜欢在荒诞、滑稽里闹成个兴高采烈的样子。所以并不把自己的能力看得太重，也因而能够活得干净、轻松、潇洒，在明智清醒的同时能保持一份幽默感，还能偶尔任性一下。只有生性顽皮而又看穿一切的钱钟书，才能以游戏的态度、艺术的态度看待生活。少年读书如隙中窥月，中年读书如庭中望月，老年读书如台上玩月。

1938年，钱钟书已在欧洲汉学界崭露头角，他能够在中文、英文、法文、德文、意大利文、拉丁文之间熟练切换，可以安逸轻松地在欧洲工作生活。那个时候,祖国很乱,祖国很穷,但钱钟书与杨绛依然决定如期回国,在西南联大担起了多门学科的教学。

对于钱钟书的选择,杨绛说:"钱钟书不愿离开父母之邦,有几个原因,其中一个重要原因是他深爱祖国语言,他不愿用外文创作。"后来他们被下放到了干校去劳动,那个时候,杨绛还多次询问钱钟书:"你后悔吗?"钱钟书说:"如果再让我选择一次,我也还是会这样选择,我不愿做外国人。"他曾在《谈艺录》中写道:"国破堪依、家亡靡?"他的一位友人在一篇记述钱钟书的文章中写道:"他为人崖岸有骨气,虽曾负笈西方,身上却不曾沾染半点洋进士的臭味,洋文读得滚瓜烂熟,血管里流的则全是中国学者的血液。"

读书的最终目的,是让我们更宽容地去理解这个世界有多么复杂又有多么美好。钱钟书早年狂狷、直率、自然,晚年寂寞、可爱、可敬。他一生炽热,半辈子寒窗,以他独特的方式表达着对这片土地和亲人的爱。读懂了钱钟书,或许就能读懂人生底色。

(摘自《知世故而不世故,是最成熟的天真》《钱钟书的痴气》,选文有删改)

【评价摘录】

　　他将以他的自由创作、审慎思想和全球意识铭记在文化历史中，并成为对未来世代的灵感源泉。

——法国总统雅克·希拉克

　　他是人中之龙，学贯中西，文化昆仑。

——老师吴宓

【其人语录】

　　洗一个澡，看一朵花，吃一顿饭，假使你觉得快乐，并非全因为你澡洗得干净，花开得美丽，饭合你的口味，主要是因为你心中没有挂碍。

　　天下就没有偶然，那不过是化了妆的、戴了面具的必然。

　　把忍受变成享受，是精神对于物质最大的胜利，灵魂可以自主，也可以自欺。

按照示例,请你来补充一下钱钟书的具体品质。

具体品质	例证简述
勤奋,有底蕴	钱钟书大学四年读完了清华大学图书馆的书籍,他的《谈艺录》是中国最后一部集传统诗话之大成的书,也是第一部广采西方人文、社科新学来诠评中国古典诗学诗艺的书。
保持内心的宁静	在喧嚣的世俗面前,给自己的灵魂腾出一亩净土,守住初心,醉心于学术研究,不参加所谓名利双收的各类活动。
情深意长	宠爱妻子,为妻子做饭;把自己变成孩子,逗女儿开心。

你积累的名句有哪些？

适用主题	摘录语句

一代名师,智慧女神

吴贻芳(1893—1985),号冬生,江苏泰兴人,中国第一届女大学生。是一位教育家、社会活动家,1928年受聘于母校金陵女子大学,前后任职23年。1945年出席联合国成立大会,成为在《联合国宪章》上签字的第一位女性。

1893年1月，蜡梅飘香的时节，吴贻芳在湖北武昌出生了，别号"冬生"。她是家里的二小姐，父亲吴守训是候补知县。官宦人家的孩子，待字闺中、寻得好夫婿、嫁为人妇、相夫教子就是一辈子。吴家姐妹都是异类，贻芳和姐姐贻芬虽然裹着小脚，但却不屑于学习女红，反倒憧憬新式学堂。守旧的父亲并不同意，他认为女孩子的幸福不在于读书，而在于嫁个好人家。奈何女儿贻芬生性刚烈，据理力争无果之后，竟然试图吞金自杀。父母受惊不小，只得将姐妹二人送入杭州弘道女学堂，她们终于有了上学读书的机会。

1909年，是让吴贻芳终生难忘的一年。吴贻芳的父亲因上司诬陷跳江自杀，哥哥吴贻榘作为家中唯一的男性，也因出国留学无望、生活压力太大，跳江自杀了。母亲一病不起，很快就去了，姐姐吴贻芬伤心过度，竟也在母亲的棺椁前悬梁自尽。一时间，所有的亲人与依靠全部化为灰烬。那时的吴贻芳才16岁，她被巨大的悲痛笼罩着，精神几近崩溃。

"人生的不幸几乎全集中到我身上，我真是痛不欲生，也萌生了轻生的念头。"就在这时，二姨将吴贻芳接到自己杭州的家中。可此后一生，吴贻芳再也没有露出开心的笑容。

1915年，金陵女子大学开学。第一届学生只有9个，吴贻芳是其中之一。在金陵女子大学的四年，吴贻芳学习勤奋却神情抑郁，她几乎不与人交流，同学们刻意推举她为学生会会长。当上会长后，吴贻芳不得不与老师和同学沟通,组织课余活动。她一下子完全变了。1919年,毕业之际,五四运动爆发,吴贻芳组织同学们打着校旗,参与到学生运动之中。那时,一个首届只有5名毕业生的女子大学,在这一浪潮中,因站在风口浪尖上轰动了南京教育界。

1926年,正是国内风雨飘摇之时,吴贻芳在美国密执安大学读博士。恰逢澳大利亚总理应邀来校做演讲,他在演讲中肆意批评中国社会。吴贻芳愤怒不已,她当场就站起来大声抗议:"你这是对中国的严重污蔑!"之后便愤然离场。她还连夜赶写了一篇批驳澳大利亚总理的文章,第二天便发表在《密执安大学日报》上。文章言辞不卑不亢、严谨有力,极大地维护了祖国的尊严。

哪儿有勤奋,哪儿就有成功。经过几年的勤奋努力,她先后获得生物学博士学位、哲学博士学位。1928年,母校金陵女大发来电报:邀请她归国担任金陵女子大学校长。这一年,她刚满35岁,她毅然谢绝了导师希望她留校任教的请求,回到祖国,她成为当时中国最年轻的校长!从1928年到1951年,她在金陵女子大学校长岗位上一做就是23年。她是我国继杨荫榆之后的第二位大学女校长,也是我国任职时间最长的大学校长。

早期的女子学堂,宗旨就是培养贤妻良母。即使像梁启超那样的开明人士,对于女性的教育也只是局限于相夫教子。金陵女子大学,是中国女子高等教育的一个梦想。人们说:是吴贻芳让女孩子实现了这个梦想。吴贻芳为金陵女大定下校训:厚生。她说:"厚生是我们人生的目的。我们不光是为自己活着,还要用自己的智慧和能力来帮助他人和造福社会。"这样不但有益于别人,自己的生命也因之更丰富。

金陵女大原是一所教会学校,吴贻芳担任校长后,慢慢冲淡了教会色彩。学校不再强制要求学生做礼拜,还把圣经课从必修变成选修。

一段时间后，吴贻芳取消了宗教系。生源也由最初必须来自宗教家庭或毕业于教会中学，改为通过入学考试面向社会招生的方式获取，只要考试合格，不论出身，不论贫富，一视同仁进行录取。

吴贻芳一向主张，绝对不让学生因为贫困而辍学。家境贫寒的学生一进校就可以进行勤工俭学，她们或被安排到图书馆值勤，或到实验室打扫卫生。这样她们不但可以读书，还享受了一些特殊的照顾。

周虽旧邦，其命惟新。她最早在中国的大学里推行学分制、积点制，取得了教育界公认的好效果。

吴贻芳眼界超群，她强调只有健康的身体才谈得上健全的精神，她除了注重基础教育，还把美育融合到体育之中。许多金陵女大毕业生日后回忆，金陵女大不仅文理兼修，实行学分制，还可以学习骑马、射箭、网球这些男性的科目，所有的学生还要接受仪态教育，完全是一派自由开放的学风。初入校的同学，要接受一系列的身体检查。其中一项颇为特别：在老师们面前，沿着绿树成荫的小路，笔直地走过去。发髻一丝不乱，坐姿笔直端正的女老师们审视着学生，然后记下她们的表现：是否歪肩？是否驼背？有无内外八字？倘若在体态老师这里留下"黑记录"，必须参加为期一年的矫正体操班，学年末还要竞选"最佳姿势小姐"。发育不良的女生可以享有另加的营养餐，这所大学让她们拥有了健康的体魄。即便到了晚年，她们都腰板笔直，充满朝气和活力。

在金陵女大，吴贻芳是最好的仪态榜样。学生们对校长充满崇敬：她的风度非常好，走路笔挺，那么的秀美、文雅。她就像一个标杆，我们都不由得模仿！学生们在她的潜移默化下，都很注重追求美好的仪态及高尚的心灵。在金陵女大，所有考试均无监考老师，把考卷发给学生，老师就可离去。几十年下来，全校没有一个学生考试作弊。

吴贻芳就像一个逆势而行的保护伞。女生们有了尊严，有了学识，才能真正在社会中实现自己的价值。

"五月花会"是金陵女大的年度盛会。空旷的操场中间,竖起一根由白紫绸缎缠绕的竹竿,这是花会的标杆。女孩儿在下面翩翩起舞,身材高挑的跳男步,娇小苗条的跳女步。花会结束,学校会选出"五月皇后",皇后之名,冠以最自信活力的女孩。自信、清纯、热情、气质优雅的金陵女大女生成为南京一景,成为女性的典范。

每天早上,吴贻芳都会在校园里转上几圈,和学生打招呼。她有接见每一个新生的习惯。一日,人生地不熟的新生陶庸正在100号楼下的新生布告栏下徘徊,听到背后有亲切的声音问:"陶庸,从北京来这里学习,习惯吗?"陶庸心想,自己一个新生,从来没和校长单独说过话,校长怎么知道自己的名字?不过,这种感觉真好!后来,她询问了高年级学姐才知道,每年开学之前,校长都会熟悉每一名新生的兴趣爱好。所以,校长能叫出每一个人的名字。

20世纪30年代,女孩儿都把能上金陵女大当作目标。家境优渥、容貌秀丽并不值得炫耀,能通过金陵女大的入学考试才称得上时髦。

能到金陵女大读书的人实在是凤毛麟角,其中不乏很多名门之后。章太炎、黄炎培、张治中的女儿都曾来就读。吴贻芳却致力于把金陵女大办成一所平民大学,她竭尽全力录取贫困学子,并为她们提供打工助学的机会。

1925年,金陵女大也曾录取一名特殊的学生,她叫曾季肃,当时已经36岁。育有两个孩子,为摆脱封建婚姻束缚,她给吴校长写了一封长信。吴贻芳被她的执着感动了,也破例录取了她。曾季肃带着7岁的女儿和5岁的儿子踏进了金陵女大。1929年曾季肃毕业了,此后,她一生致力于教育事业,创办了上海著名的南屏女中。多年后,一起和她读大学的女儿曾弥白,也做了金陵女大的学生。再后来,成为中国著名的生物学专家。

吴贻芳对学生充满了浓浓的关爱之情。吴贻芳曾定下严格校规,不收已婚学生,在校生结婚就得自动离校。一次,学校的一名女生和一名爱国军人偷偷结婚,被学校知道后,吴贻芳带着她最喜爱的一枚胸针到学生家,一方面向他们表示新婚的祝贺,一方面则委婉地告诉她不要到学校来了。后来这名女学生的丈夫在南京保卫战中牺牲了,她向吴校长表达了重回金陵女大的愿望,吴贻芳不仅破例让她重回学校,还提出她的子女由学校一起共同抚养。在吴贻芳看来,女性是否进入婚姻的殿堂,完全是个人选择。有位学生特意从上海赶去南京求学,因为刚失去母亲,也因为气候不适应,她发烧住院了。第二天早上醒来迷迷糊糊觉得有人在摸她的头,睁眼一看,才发现原来是最敬爱的吴校长,女孩儿的眼泪忍不住流了下来。

金陵女大从来不禁止自由恋爱,吴贻芳甚至为学生们安排好了谈恋爱的地方。当时学校有些学生和外校学生谈恋爱常常晚归,晚归的学生被关在外面,只得爬窗户进宿舍。吴贻芳听说了这样的情况,特别担心学生的安全,特意将宿舍楼下的会客室划出一些地方改成半封闭的小间,放置了桌椅供恋人聊天。晚上九点前,女同学可以带男朋友在里面交谈,这就是她开设的恋人专用室,这在当时十分超前。她非常注重培育女性的自立自强精神和独立思考能力,金陵女大的老师教育学生,男女一同出游、跳舞、就餐,女生应付自己的钱。因而金陵女大毕业的学生都具有一种独立意识。可以说,吴贻芳的教育实践是划时代的。

1937年,日军入侵南京。金陵女大师生纷纷撤离,南京校园里只剩下吴贻芳和36个教职工。留守南京的吴贻芳和其他老师接连登台演讲,极大地鼓舞了民众的爱国热情。吴贻芳听说自己学校的学生有危险,立刻去见负责人,义正词严地说:"我吴贻芳担保,金陵女大没有你们要逮捕的人。"因为她的妥善保护、她的竭力争取,没有一名学生被抓走。日军围困南京,实施大屠杀时,吴贻芳动员所有职工,收容了大量妇女儿童。金陵女大也在国际爱好和平界中成为非常响亮的名字,蜚声国际。

抗战期间,金陵女大迁到成都郊区。吴贻芳还和教师们制定了一套完整的教育改革计划。组织学生成立社会服务团,到学校附近的贫民区办培幼小学,教妇女识字、刺绣。成立乡村服务处,开办妇女儿童培训班。吴贻芳还组织成立"战争服务团",亲自带领学生,为伤病员包扎伤口,抢救被敌机炸伤的居民。1944年,全校有40多名学生报名参军。抗战胜利后,金陵女大亦是南京最早复课的大学。1943年,吴贻芳组织"中国六教授团"赴美宣传抗日战争。时任美国总统的罗斯福在与其接触交流中,深深被这位中国女性所折服,盛赞她为"智慧女神"。冰心称赞她:"心灵深处总是供奉着的敬佩老师。第一次目睹吴先生的风采,她穿着雅淡的衣裙,从容地走上讲台时,我就惊叹她端庄和蔼的风度;她一开始讲话使我感到在我们金陵女大的讲台上,从来还没有过像她这样杰出的演讲者!"

金陵女大的学生出国留学,根本不用考什么"托福"和"雅思",只要有吴贻芳签名的毕业证书,到英国、美国等著名大学都是免试入学,金陵女子大学在当时也被誉为东方最美丽的校园。1945年,当中国出席旧金山联合国制宪会议的代表团名单公布时,金陵女大沸腾了:"吴贻芳校长是中国代表团中的唯一女性!"

一个月后,在旧金山,吴贻芳穿着旗袍,沉着冷静地走上主席台,气度非凡,风姿绰约。她以中国代表的身份,阐述了中国人对维护世界和平的看法。大西洋的东岸,金陵女大的学生们,也一边听广播,一边爆发出热烈的掌声。她更是成为第一个在联合国宪章上签字的女性。

在美国的精彩表现,让吴贻芳在国内的威望也日渐高涨。1946年,有人提出让吴贻芳担任教育部长。吴贻芳婉拒道:"金陵女大还有许多工作需要我去做。"1949年初,蒋介石"下野"后,张治中推荐吴贻芳出任教育部长,她还是谢绝了。对国民党政府独裁统治的深恶痛疾,以及相较政治形式的复杂多变,吴贻芳更愿意投身到纯粹的教育事业中去。

1979年,吴贻芳获美国密执安大学为世界杰出女性专设的"智慧女神"奖。同年的校友会,白发苍苍的学生们,牵着吴贻芳的手,像孩子一样哭喊:"老校长!老校长!"金陵女大先后向国内外输送了999名毕业生,999个毕业生,是999朵玫瑰,也是女性教育的开始。金陵女大的毕业生成为中国女性最优秀的代表之一。是中国近代女知识分子的群体典范,成为各个领域的尖端人才。比如鲁桂珍,1926级,著名生物学家,与李约瑟合作完成《中国科学技术史》;胡秀英,1932级,哈佛大学终身教授;熊菊贞,1942级,耶鲁大学当年仅有的两个女正教授之一;刘恩兰,中国第一位女海洋学家;张汇兰,中国第一位体育女博士;李果珍,中国医学影像学带头人,为中国引进CT和MR技术第一人;王明桢,清华大学第一位女教授。金陵女大给整个社会带来强烈的示范作用,具有前无古人的开创意义!吴贻芳在金陵女大营造了一个前所未有的理想世界,中西合璧的建筑,处处飘荡着琴声和歌声、自信、热情、活力充盈着每一个人的内心。1952年,全国高校院系调整,金陵女大并入金陵大学。

1981年,88岁高龄的吴贻芳再度当选为江苏省副省长。她迈动一双小脚走遍江苏城乡,到过千余所小学、中学、中专、大学和工读学校、职业学校,调研、视察、检查、指导工作。江苏省的教育事业长期走在全国前列,是同吴贻芳的直接领导分不开的。

1985年,吴贻芳一病不起。一日下午,她突然清醒过来想说话,却说不出来，一张脸憋得通红，守护在旁边的学生急得直打转，直到曹婉对她说："校长，您是想开办金陵女子学院吗？您放心，我们一定办到。"她才慢慢平静下来。

1985年11月10日上午8时30分，吴贻芳用她的一双小脚走完了92年的智慧人生。

吴贻芳年幼遭逢家庭巨变，青年身逢战乱不断，之后又遇劫难，但她始终持有一颗教育者的赤子之心。对自己，她始终保持着朴素的生活态度，几十年一直住在一间不到15平方米的房间，平日粗茶淡饭，从不讲究吃喝。除出于礼仪需要有几件像样的衣服外，一般都是布衣布衫，缝缝补补，还舍不得扔掉。她不要小轿车，只肯买一辆黄包车，每月工资大部分都接济亲友，外出演讲得到的酬金和礼物也一一转赠师生，却并不让受赠者知道。即使73岁高龄也坚决不肯坐小车上下班，外出开会都和大家一起挤公共汽车。

大师虽逝，但如月之恒，如日之升，如南山之松柏！

（摘自《中国第一位女大学校长》《智慧女神吴贻芳》，选文有删改）

【评价摘录】

像她这样精干的人物,男子中也是少有的。

——董必武

同吴博士一道工作,使我真正认识到,她的确是当代中国的女界领袖、人中英才。她才智超群,为人坦诚,工作起来不知疲倦。

——美国教育家明尼魏特琳女士

【其人语录】

做人要一生洁白如象牙,刚毅如紫檀木,平易如小白菜。

爱祖国不是一句空话,爱祖国就要热爱你从事的事业。

按照示例,请你来补充一下吴贻芳的具体品质。

具体品质	例证简述
勇于开创和实践	吴贻芳提出"厚生"的教育理念,将教会学校改变成培养中国女性独立意识和完整人格的学校,在中国的大学里率先推行学分制、积点制,开创了大学美育、体育的先河。
热爱祖国,投身教育事业	她热爱祖国,对有辱祖国尊严的行径愤然抨击,热爱教育事业,一生投身金陵女大与江苏教育改革中。热爱学生,爱护女性。
有浓厚的人文情怀,注重美育教育	她实行美育教育,破例招收中年女性进大学求学,让学生勤工助学;她人性化考虑,关爱学生身体,增加营养餐。

你积累的名句有哪些?

适用主题	摘录语句

中国第一位物理学女博士

何泽慧（1914—2011），女，江苏苏州人。她是中国第一位物理学女博士、中科院第一位女院士、中国第一代杰出的核物理学家。1980年当选为中国科学院学部委员，被誉为中国的居里夫人。

2011年6月20日清晨,一位97岁老人因病在北京去世。居里夫人的外孙女发来唁电,党和国家领导人都发来唁电,对她的逝世表示沉痛哀悼。她走后,她的儿子在她的住处收拾遗物,忆起母亲的点点滴滴,不禁泪如雨下。的确,举目四望,老人生前住的家实在是太破旧了,家具都是些20世纪50年代的旧物,在油漆斑驳的小床上,她一睡就是几十年,她穿过的鞋子打了三层补丁。这位贫穷的老人,就是中科院第一位女院士、中国第一代核物理学家何泽慧。她是中国的骄傲,而她的丈夫,正是"中国原子弹之父""两弹一星"元勋钱三强。

1914年,何泽慧出生在苏州一个声名显赫的家庭。父亲何澄早年追随孙中山革命,是老同盟会员,也是山西剪辫子第一人,山西第一位前往日本的留学生,著名的鉴赏家和收藏家,曾将苏州名园之一的网师园购入名下。母亲王季山,是翻译家。

幼年的何泽慧在家庭的影响下酷爱读书,早早就立下了献身科学的宏大理想。1932年的中国仍然盛行妇女缠足,而18岁的她决定前往上海考大学,父亲跟她开玩笑说:"考不上就回来当丫鬟。"没想到,她顺利考进了清华大学物理系,是当年唯一的女状元。说起学物理的目的,她说:"物理和军工关系最为密切,我要练好本领赶走侵略者。"报考物理系这个决定,不仅让她成为了不起的女性,还遇到了她一生的挚爱!

她的同班同学里,有个男生叫钱三强。钱家同样很显赫,钱穆、钱伟长、钱钟书、钱学森等都是我们熟悉的大才大智者,而钱三强,是一代国学大师钱玄同的次子,后来与钱学森、钱伟长,并称中国现代物理学的"三钱"。

何泽慧和钱三强就这样相遇了,一个聪颖灵秀,一个文质彬彬,共同的是两个人都才华出众,同学们都觉得,他们是郎才女貌、天设一双。他们也彼此互相欣赏,虽心存爱慕,可羞涩的两人都很少主动找对方说话。当时中国的大学宽进严出,清华大学的课业尤为繁重。最终物理专业只有10人顺利毕业,何泽慧是第一名,而第二名正是钱三强。就此两人天各一方,然而爱情的种子早已悄悄种下,只待结果的那一天。

毕业后,钱三强被北平物理研究所选中,赴法国跟随居里夫人深造。而何泽慧当然不甘于只成为成功男人背后的女人,她有足够的能力与爱人并肩而立。她带着满腔的报国情,和几个男生一起,跑到南京军工署求职,希望能打败日本侵略者。结果男生们都被留下了,她却因为是女生而被拒绝了。但她并没有就这样放弃,她的一个同学告诉她,德国柏林高等工业大学技术物理系的系主任曾在南京军工署当过顾问,于是她立马跑到德国,直奔柏林高等工业大学技术物理系。可系主任克里茨教授却再次拒绝了她,这个系本来就属于保密级别,别说不收女性,连外国人也都是一概不收的。她一听急了,真诚急迫地对克里茨说:"你可以到我们中国来,当我们军工署的顾问,帮我们打日本侵略者。我为了打日本侵略者,到这里来学这个专业,你为什么不收我呢?"身为一个弱女子,竟有如此勇敢赤诚的爱国情,看着她坚定的神情,克里茨被深深地打动了,就这样,这个娇娇小小的中国女孩,用无与伦比的勇气,征服了这个近代军事工业第一强人,她跨越男女差异,成了该系第一个外国留学生,也是该系第一个外国女留学生。

1940年,25岁的她以优异成绩获得博士学位,之后,进入柏林西门子工厂实验室工作。1943年，她又到德国海德堡威廉皇家学院核物理研究所从事原子核物理研究。是她首先观测到了正负电子碰撞现象，被英国《自然》称为"科学珍闻"。那时她虽然身在德国，却无时无刻不思念祖国，然而中国战火纷飞，她难以联系上亲人们，就在这时，她想到了法国的钱三强。

她给他写了封信，由于战时限制，书信不能封口，且只能写25个字，她在信中问他是否还在巴黎，如可能，代她向家中父母报平安。从这之后，两人的书信往来就越加频繁，他们用短短25个字，一封封地讨论未来……没有花前月下的浪漫，却有着心灵深处的碰撞，这份爱情清清淡淡，层层递进。到了1945年，他终于鼓起了勇气写了一封后来看来影响了近代中国物理学界的信，信里写道："我向你提出结婚的请求，如同意，请回信，我将等你一同回国。"她回复道："感谢你的爱情，我将对你永远忠诚，等我们见面后一同回国。"半年后，她离开了德国，来到钱三强所在的巴黎，在居里夫妇的见证下举行了婚礼，互相许下不离不弃的诺言。之后，她就跟随丈夫留在法国，进入巴黎大学居里实验室工作。

没想到此后的她在法国，开启了自己科学生涯最辉煌的篇章！

她和丈夫钱三强一起合作，发现了铀核的三分裂变和四分裂变现象，并预言裂片的质量分布。这些重大发现宣布后，引起巨大反响，被称为是第二次世界大战后，物理学上最有意义的一项工作。西方各大主流媒体争相报道，由于铀核"三分裂"现象是她首先发现的，所以她被西方媒体称为"中国的居里夫人"，被外国科研团队争抢。这项震惊世界的发现，足以获得诺贝尔奖，可由于当时世界对中国的歧视，诺贝尔奖并没有公平地发放奖章。不得不说，这是她的遗憾，但更是诺贝尔奖的遗憾。

而那时获得了如此成就的她，如果继续留在国外，凭他们夫妻俩的本事，肯定能拥有最优良的科研环境，并在未来取得更大荣誉。可这些东西，他们毫不犹豫地放弃了，两人不顾各种阻挠，历经艰辛，带着7个月大的女儿义无反顾地回到魂牵梦萦的祖国，支援祖国的核物理研究工作。

不久后中华人民共和国成立，一切百废待兴，她和丈夫钱三强一起扛起了筹建中国科学院近代物理研究所的重任。那时中国连简单的仪器都找不到，更让他们头疼的就是资金问题，可他们没有灰心丧气，两个人骑着自行车，跑到旧货店和废品收购站，寻找可以利用的元件。然后，她负责绘制图纸，他负责动手制作，在如此简陋的条件下，竟做出了一个个必需的仪器。经过几年的努力，物理研究所渐渐有了规模，科研人员由最初的5人扩大到150人，这是第一支核物理研究队伍。1956年，她还带领团队成功研制出性能达到国际先进水平的原子核乳胶。

而当研究所重点转向原子能后，她又立即奔赴苏联，负责关键的加速器及在反应堆上进行核物理实验。1958年，中国第一台反应堆及回旋加速器建成后，她担任中子物理研究室主任，使中国快中子实验工作很快就达到了当时的国际水平。

钱三强被公认为是中国原子弹之父，但鲜少有人知道，她同样为中国的核武器做出了无与伦比的功绩，她的科研项目还获得首次国家自然科学奖。

中科院高能物理研究所成立，她被邀请担任副所长，上任后，她立即以百分之百的热情投入到工作之中，推动了中国宇宙线超高能物理及高能天体物理的研究和发展。并在西藏建成世上海拔最高的高山乳胶室，使中国成为当时少数几个能生产核乳胶的国家之一，推动了中国高能天体物理的研究工作。

她还从无到有、从小到大地发展了高空科学气球，并发展了相应的空间硬X射线探测技术及其他配套技术。在领导中子物理研究时期，何泽慧要求研究室完成国家任务的同时，还要出成果、出人才。她鼓励年轻人要勇于进取和创新，不要迷信外国人，走自己的路，要在现实条件不足的情况下想办法做出高水平的工作。她总是能够看到下一步的发展，及早地提醒年轻人扩展研究的领域。仅统计1959年至1965年《原子能科学技术》和1966年的《原子能》杂志上的文章，何泽慧指导过的项目就达21项。但她决不允许在作者栏上署上她的名字，而只出现在致谢中。在她的辛勤培育下，一批年轻人很快扎扎实实地成长起来了，成为我国原子能事业若干领域的骨干。她培养出了我国第一个气球工程博士，第一批空间高能天体物理研究的博士。

作为女性，她在事业上取得的成绩已足以令人敬佩，但更令人佩服的，不仅是她伟大的事业，更是她伟大的人格。

她从不在意物质待遇，和丈夫住在20世纪50年代的中关村小区中，这里已经破败不堪，小院里到处可见各种各样的杂物，昏暗的楼道里贴满了疏通下水道的小广告，而他们居住的小房间，白粉刷墙，除了木地板，几乎没有任何其他装修。而这里，曾经聚集了"中国最高级的一批大脑"：其中包括59位首批院士中的9位，中国科学院首批233位学部委员中的32位，以及23位"两弹一星"元勋中的8位。时间飞逝，人们纷纷与这个老旧小区告别，只有何泽慧还住在这里，一直到她2011年离世。单位要派专车接送她上下班，她坚决拒绝，只坐公交车，一直坐到92岁。92岁的她，穿的衣服都是地摊货，脚上经常穿的是一双解放鞋。对于吃的她也不在意，几个馒头就能让她心满意足。就连去参加国际会议，穿的都是打了三层补丁的鞋子，手里提的是带子断了好几次的人造革书包。可世人恐怕都不知的是，1950年，她毫不犹豫地把自家的私宅,举世闻名的苏州网师园全部捐献给了国家。

她拥有许多头衔,可无论面对何种身份的人,她都是同样的谦虚,中科院院士李惕碚说:"在何先生那里,科学研究就是探索自然的本来面目,如此而已。权力和来头,排场和声势,以及华丽的包装,对何先生都没有作用。她会时不时像那个看不见皇帝新衣的小孩子,冷冷地冒出一句不合时宜,而又鞭辟入里的实在话。"

她对爱情也是忠贞无比,和钱三强相恋了半个世纪,一起为中国核事业奋斗了半个世纪。生活里,他们是最美满的夫妻;工作中,他们是完美的合作伙伴。然而1992年,噩耗传来,钱三强因心脏病突发,永远离开了这个世界。

他走了,留给她无尽思念,曾经那么多苦难都没能压垮她,他的离去却让她悲痛欲绝。

她沉浸在关于他的回忆里,久久难以释怀。在外人看来,她似乎没有什么改变,依然坚持全天上班,依然坚持做研究,只是外人不知道的是,自他走后的20年间,她始终在那个破旧的小区里,与满屋书香为伴,家里的东西几乎都没有变过位置,始终保持着钱三强在世时的模样,那是她对他永远的纪念……

92岁那年,她不小心摔坏了脚,痊愈以后,她依然坚持上班,单位坚持派车接送,她终于接受了,但要求不坐小轿车,只坐单位的中巴车,一来节约,二来可以和同事聊聊天。

这种精神,连王大衍院士都忍不住感叹:"春光明媚日初起,背着书包上班去,尊询大娘年几许,九十高龄有童趣。"

2011年6月20日,在走完近一个世纪的人生路后,也许是太累了,也许是太思念天国的他了,伟大的核物理学家何泽慧永远地闭上了眼睛。

这一生，她的背景家世，堪称强大到令人窒息。可是，在她的身上没有骄奢，只有低到尘土里的朴素。就是在离去的时候，拥有无尽光芒的她，竟然也是那么低调，她的名字被掩盖在许多科学家的背后。在筹建"两弹一星"团队时，人选名单里原本是有何泽慧，但因为她是钱三强的家人，又是女性，最终与研究团队擦肩而过。但她以自己的方式参与了"两弹一星"的科研工程。氢弹研发时，其中一个重要的数据，就是她带人在实验室完成了验证。

她比许多男性还要传奇，她是中国第一位物理学女博士，中科院第一位女院士，中国第一代核物理学家，是世界级科学巨匠。

（摘自《中国的居里夫人》《何泽慧——真正的贵族》，选文有删改）

【评价摘录】

她摒弃虚荣和风头，坚持实事求是，绝不苟且附和，其质朴直率的性格鲜亮可见。

——《物理》杂志

【其人语录】

国家是这样一种东西，不管对得起对不起你，对国家有益的我就做。

作为一名科学家，本来就应该朴素、真实、勤奋、诚实、讲真话。

按照示例,请你来补充一下何泽慧的具体品质。

具体品质	例证简述
爱国为民, 不求名利	她把自己与国家民族的命运联系在一起,报考物理系,是因为物理和军工关系最为密切,她要练好本领护国打跑侵略者。放弃国外优越的待遇,毅然回国支援祖国的核物理研究工作。
追求独立, 执着坚定	在女性求职与就学处处碰壁的情况下,她用执着与赤诚,跨越男女差异,成为德国柏林高等工业大学技术物理系第一个外国留学生。她也不做钱三强背后的女人,首先发现了铀核"三分裂",研制出具有国际先进水平的原子核乳胶,发展了高空科学气球,空间硬X射线探测等技术
低调与淡泊	出身显赫、成就卓异的她在破旧的小区一住就是60多年,穿着打了三层补丁的鞋也自得其乐;参与了"两弹一星"研制却不让留名,也不让立传。

你积累的名句有哪些?

适用主题	摘录语句

有趣，让生活昂扬多姿

冰心（1900—1999），原名谢婉莹，原籍福建长乐。现代著名作家、儿童文学家、诗人、散文家和社会活动家。先后任《人民文学》编委、中国作家协会理事、中国文联副主席等职。作品有《再寄小读者》《我们把春天吵醒了》《樱花赞》《晚晴集》《三寄小读者》等。其文字婉约典雅、轻灵隽丽、凝练流畅，作品曾被人称为"春水体"。

吴文藻（1901—1985），江苏江阴人。中国著名社会学家、人类学家、民族学家，是中国社会学、人类学和民族学本土化、中国化的最早提倡者和积极实践者。

近代史上，携手一生的名人夫妻并不算多，而冰心和吴文藻，便是其中难得的一对。他们自由恋爱，牵手走过了半个世纪。他们的爱情经历过岁月静好，也经历过生活跌宕。最痛苦的时候，他们谁也没有放开彼此的手；最艰难的时候，他们依旧相濡以沫。他们一辈子恩恩爱爱，琴瑟和鸣，他们真正践行着"死生契阔，与子成说。执子之手，与子偕老"的美丽誓言。

可在民国众多才女中，冰心虽然年少成名，但她的才华、容貌都算不上最为出众的。作家苏青曾评论过冰心的长相："我从前读过冰心的诗歌和散文，觉得她很美丽，后来看到她的照片，原来并不好看。"张爱玲又很看不上冰心的文笔，她在文章中说："如果必须把女作者特别分作一栏进行评论的话，那么，把我和冰心、白薇她们来比较，我实在不能以为荣。"但是，貌不美才不高的冰心却获得了"文坛圣母"的美誉，而且她还把平淡的生活过成了诗和远方。她和丈夫吴文藻的真挚爱情、幸福生活也成了文坛学界的一段有关"好看的皮囊千篇一律，有趣的灵魂惺惺相惜"的美丽佳话。

冰心遇到吴文藻，就是一场阴差阳错的美丽误会。

1923年8月17日，23岁的冰心离开燕京大学，离开自己挚爱的父母和三个弟弟，只身登上了邮轮约克逊号，前往美国波士顿威尔斯利女子大学留学。从未离开过家的冰心，回望渐行渐远的祖国，对家的眷恋所引发的离愁也越来越浓。所幸，在寂寞的旅程中，冰心得到了同学许地山的照顾和呵护,而且还因为他的阴差阳错,成就了与吴文藻的美好姻缘。

上邮轮的第二天,冰心突然想起同学吴搂梅所托之事。"她写信让我在这艘船上找她的弟弟、清华大学的学生吴卓。我到船上的第二天,就请我的同学许地山去找吴卓,结果他把吴文藻带来了。问起名字才知道找错了人。那时我们几个燕大的同学正在玩丢沙袋的游戏,就也请他加入。以后就倚在船栏上看海闲谈。我问他到美国想学什么?他说想学社会学。他也问我,我说我自然想学文学,想选修一些英国19世纪诗人的功课。"

在交谈的过程中,吴文藻问冰心,有没有读过评论拜伦和雪莱的书,冰心回答没有,吴文藻就直率地说:"你学文学的,这些书你都没看。这次到美国,你要多读一些书,否则算是白来了!"当时冰心的诗集《繁星》和小说集《超人》已很流行,是个颇有名气的青年女作家。船上的许多人(仅清华大学的就有100多人)都只是向她献殷勤,说些"久仰"之类的恭维话,唯独吴文藻说话这样不客气,她感到前所未有的尴尬和难堪。然而,冰心本是一位性格爽朗而又渴求新知的女性,吴文藻与她第一次见面就这样坦率地进言,虽然使她的心灵受到很大的刺激,但静静思考后,她真有几分钦佩吴文藻,她便在心底悄悄地把吴文藻认作自己的第一个净友、畏友!

冰心的积极向上和纯真,也让吴文藻格外地欣赏,她虽是大家闺秀,却独立坚强;虽然性格温婉,却有着男儿般的坚韧。下船之后,吴文藻要到了冰心的住址,当时很多男生都给冰心邮寄了信,热情洋溢地表达了结识冰心的激动和欣喜,只有吴文藻独出心裁,给冰心寄了张明信片。这让冰心感到很特别。结果她给其他男生都邮寄了明信片,一律用秀美的文字简单写了几句,只给吴文藻认真地回了一封长信。

冰心的回信给了吴文藻很大的信心，他开始不断地给冰心写信，信的内容大多是推荐书单，有时候也会给冰心寄书。《围城》里的方鸿渐曾说，男女之间交往最有效的方式就是借书，一借一还，不是就熟悉了吗？吴文藻似乎深谙其中的道理。他虽然是理工科男生，但对文学也很感兴趣。因此他每次买到一本好书，看过之后就寄给冰心，还与冰心一起分享心得体会。

他还担心冰心没有时间阅读，他便自己先读一遍，把认为好的地方用红笔勾画出来，加上批注，再寄给冰心。他还会再三叮嘱冰心，就算没时间看整本书，至少也要把勾画出来的部分看了。吴文藻的认真和呆气很让冰心喜欢，他寄来的书她都仔细看了，然后一一回信，不得不说，这给她的文学创作提供了很大的帮助。当然，书中关于爱情的句子，吴文藻都会特意标注出来，一个不解风情的理工科男生能想到用这样新颖的方式含蓄而巧妙地表达爱意，让冰心觉得既感动又有趣，爱情的种子就这样伴随着一页页信纸和一本本书籍慢慢萌芽了。

1929年6月，冰心和吴文藻在燕京大学举行了婚礼。他们的新房非常简陋，除了两张自己带来的帆布床外，就只剩下一个三条腿的桌子。这要放在别的女人身上，也许会足足念叨一辈子，可是冰心一笑置之，她说"真正的婚姻不在排场，而在心灵相通，其他都是可以无所谓的。"

婚后，冰心就在家当起了贤妻良母，虽然每日都要与柴米油盐相伴随，但他们并没有因为生活的琐碎和贫瘠而丧失情趣。冰心依然用她那颗丰富而美丽的"冰心"装点着平淡的生活。

她深知丈夫把所有的精力都用在了事业上，所以在生活上有些低能；她也知道丈夫茫然的目光和傻气背后，是对治学上的过多投入。所以她会发现这些生活中的有趣调料，去和吴文藻开个玩笑，让小家庭充满一种轻松愉悦的氛围。

有一次，冰心发现吴文藻的书桌上摆放着一张自己的特写照，于是就打趣地问："你是天天看呢,还是就这样摆着？"吴文藻为讨妻子的欢心,笑着说："当然天天看。"于是调皮的冰心就趁着吴文藻不在,把自己的照片换成了女星阮玲玉的,结果好几天过去了,吴文藻也没有发现,等到冰心提醒他,他才尴尬地笑着把照片换了回来。

德国心理学大师海灵格曾说："爱永远无法成为婚姻的伟大基础,因为爱是一种有趣的游戏。"冰心就是这样一位有爱有情趣的妻子。她常常拿吴文藻打趣,笑称他是个"傻姑爷"。她还将自己的文学天赋,用在打趣吴文藻身上,让小家庭永远洋溢着欢愉和趣味。

有一次清华大学校长梅贻琦来家里做客，闲谈之余冰心诗兴大发,写了一首宝塔诗：

马

香丁

羽毛纱

样样都差

傻姑爷到家

说起真是笑话

教育原来在清华

这首诗虽然不长,却有三个"典故"。有一次,孩子让吴文藻买点萨其马,由于孩子不会说全名,只说了"马",结果吴先生到了点心铺,就执着地说要买"马"。

还有一次,冰心和婆母等人在楼前赏花,老夫人让冰心将吴先生请来共赏。他站在丁香树前,大约心思仍在书本上,便漫不经心地问冰心:"这是什么花？"冰心故意逗他说:"这是香丁。"吴文藻还没回过神来,于是又重复了一次:"哦,原来是香丁。"众人听了不禁捧腹大笑。

又有一次,吴先生随冰心去城内看岳父,冰心让他上街买一块双丝葛的夹袍布料送父亲,他到绸布店却说要买羽毛纱。幸亏那个店平日和谢家有往来,就打电话问冰心:"你要买一丈多羽毛纱做什么？"谢家人听后都大笑起来。冰心只好说:"他真是个傻姑爷。"冰心父亲笑道:"这傻姑爷可不是我替你挑选的。"

听了冰心对她的宝塔诗的解读,梅贻琦忍不住哈哈大笑:"冰心女士眼力不佳,书呆子怎配得上交际花。"

虽然生活曾一度颠沛流离、居无定所,但是冰心对他们的爱巢始终用满满的爱意去经营。她在《我和玫瑰花》一文中写道:"1929年以后,我有了自己的家,便在我家廊前种了两行白玫瑰,花开得很大,而且不断地开花,从阴历三月三,一直开到九月九,使得我家的花瓶里繁花不断。"昂扬乐观、心境开阔的冰心就是这样,她总能用她有趣的视野去发现和欣赏生活中的美,并能在平淡无奇的生活中制造出让人欣喜的小浪花。所以,在她和吴文藻一起走过的50多年的时光里,无论生活多么艰难,她总能将平淡的生活演绎得有滋有味。

冰心的有趣,还在于她思想的独立,以及对待苦难生活的乐观精神。抗战之后,冰心举家迁到重庆。日子虽然苦,但冰心依旧能苦中作乐。当时梁实秋和人合租了一套民房,取名为"雅舍",冰心常去坐坐。

有一回,几个人围坐在炭火前,谈到兴浓处,冰心就高兴地用闽南语给大家唱了段福建戏助兴。梁实秋过生日,酒过三巡后,冰心别出心裁地给梁实秋写了一段祝寿语:"一个人应当像一朵花,不论男人或女人,花有色、香、味,人有才、情、趣,三者缺一,便不能做人家的要好的朋友。我的朋友之中,男人中要数实秋最像一朵花,虽然是一朵鸡冠花,培植尚未成功,实秋仍需努力!"梁实秋特别珍惜这幅字,直到去世都一直带在身边。

冰心那有趣又乐观的灵魂里,有着对生活永不放弃的意志力。他们柴米油盐的生活平淡却幸福,只是人生的道路上,不但有国难,而且有家愁。1958年4月,吴文藻被错划为右派。这个意外的灾难,对他和冰心都是沉重的打击。有人劝冰心离开吴文藻,但冰心觉得在这种情况下,她更要陪伴在吴文藻身边,而且她相信劫难一定会过去的。也正是冰心的善解人意和临危不惧,1959年12月,吴文藻被摘掉了右派分子的帽子。

他们庆幸没有家破人亡,只不过辛苦些,做做农活而已;他们欣喜于能从集体宿舍搬到单间宿舍,在久别后再次重逢;他们欢欣于夫妻二人能够一起种麦子,一起种豆子,一起摘棉花;他们甚至因为能和院子里相熟的朋友一起劳动而感到幸福感爆棚,甚至还说无论做什么都感到新鲜有趣。

无论岁月多么艰难,冰心都没有放弃对生活的希望,更没有放弃和吴文藻的感情。她在《论婚姻与家庭》里这样写道:"有着忠贞而精诚的爱情在维护着,永远也不会有什么人为的仇视,什么离异出走,不会有家破人亡,也不会有那种因偏激、怪僻、不平、愤怒而破坏社会秩序的儿女。"

冰心和吴文藻这对夫妇的感情,在患难中得以升华,在挫折中更加真诚。

晚年的冰心和吴文藻日子过得一样有趣。冰心有很多文章要写,吴文藻也有许多研究课题要做,组织上就派他们的女儿吴青来照顾老人的生活起居。

吴文藻家本就不宽敞,只有60多平方米,本来冰心和吴文藻多年各居一室,各做各的研究,可女儿一家来了,就只好共居一室。本来空间就不大,可冰心老人却揶揄:"看看,我们老两口总算又'破镜重圆'了。"

冰心和吴文藻的晚年生活是有趣又幸福的,多年以后,冰心回忆道:"终日隔桌相望,他写他的,我写我的,熟人和学生来了,也就坐在我们中间说说笑笑,享尽了'偕老'的乐趣"。

1985年,牵手56年的吴文藻先生因患脑血栓去世,这对于冰心来说打击是巨大的。即便失去了一生的伴侣,她依然没有因此而颓丧。

在失去吴文藻的15年里,她认真写作,迎来了第二个创作的高峰;她养了一只叫"咪咪"的猫,逢人就夸咪咪有多聪明。只要来访的人投来怀疑的目光,冰心老人就立即让咪咪进行表演,还啧啧赞叹自己的猫听得懂英语。

有趣的人拥有一双明亮的眼睛,无论走到哪里,都能发现让自己快乐的事情;即便孤单,他们一样也能与自己为伴。

1999年,冰心老人与世长辞,享年99岁。子孙按照两位老人的遗愿,将二人骨灰合葬,骨灰盒上写:江阴吴文藻,长乐谢婉莹,真正做到了生同衾死同穴,生生世世在一起。

回顾冰心的一生,她的人生比较圆满,爱情、事业、健康"全丰收";她的生活中几乎没有太多大起大落,只有云淡风轻、岁月静好。她被人亲切地称为"文坛祖母""世纪老人",而这都源自于她对待生活的态度。她曾说:"爱在右,同情在左,走在生命路的两旁,随时撒种,随时开花。将这一路长途点缀得香花弥漫,使穿枝拂叶的行人,踏着荆棘不觉得痛苦,有泪可落也不是悲凉。"她这一生,眼中所见皆是风景,无论是面对外面的风雨,还是爱人朋友,她都能发现其中的精彩和趣味。

我们常说好看的皮囊千篇一律,有趣的灵魂万里挑一。有趣的人并不等同于会开玩笑的人，也不等同于爱凑热闹的人。真正有趣的人，是对生命有着深刻的同情，对生活充满爱与希望的人，他们会将琐碎的生活过成诗，让苦难的岁月有光彩，让平凡的自己智慧通达，让相爱的人温暖幸福。

（摘自《这才是女人在婚姻中最好的状态》《有趣，才是婚姻的保鲜剂》《冰心传》，选文有删改）

【评价摘录】

　　对父母之爱，对小弟兄小朋友之爱，以及对异国的弱小儿女、同病者之爱，使她的笔底有了像温泉水似的柔情。

——郁达夫

　　一代代青年阅读冰心的书籍，懂得了爱：爱星星、爱大海、爱祖国，爱一切美好的事物。

——巴金

【其人语录】

　　假如生命是乏味的，我怕有来生！假如生命是有趣的，今生已是满足的了。

　　我从5岁认字读书起，就非常喜爱中国古典文学。从《诗经》到以后的《古文观止》《唐诗三百首》《古今诗词精选》等，我拿到后就高兴得不能释手。

　　冠冕，是暂时的光辉，是永久的束缚。

按照示例，请你来补充一下冰心的具体品质。

具体品质	例证简述
爱和同情	冰心的才情在当时都不是最突出的，但对母爱、童心、自然美的歌颂，让她成为中国现代文学史上第一位著名女作家，赢得了"文坛祖母"的赞誉。
正直坦率	吴文藻第一次见到在文坛上小有名气的冰心，就坦率地进言让她读些外国文学大家的作品，这让冰心把吴文藻认作自己的第一个诤友、畏友。
欣赏悦纳	为吴文藻写幽默的宝塔诗，是对吴文藻较弱的生活能力的包容与爱。

你积累的名句有哪些?

适用主题	摘录语句

幸福，从不靠别人成全

张幼仪（1900—1988），名嘉玢，著名的银行家、企业家。父亲张润之，名祖泽，是当时上海宝山县巨富。张祖泽有八子四女，张幼仪排行第八，为其次女。她的二哥张君劢（音迈），是中国现代史上颇有影响的政治活动家和哲学家，四哥张嘉璈是著名的经济学家。

朱安（1878—1947）生于浙江绍兴，她识字不多，但是懂得礼仪，性格温和，待人厚道。1901年4月3日，鲁迅母亲在没有征得儿子同意的情况下，贸然去朱家"请庚"，27岁的朱安就嫁给了25岁的鲁迅，在无爱的婚姻中，朱安陪伴鲁迅母亲度过了一生，最后在北京孤独死去。

张幼仪与朱安,原本她们有着同样悲剧的开头,都嫁给了才华横溢的男人,一个叫徐志摩,一个叫鲁迅;同为大家闺秀,却因是旧式女子一生未被丈夫正眼看过;同样沦为包办婚姻的牺牲品,却从未品尝过爱的滋味;为了逃避妻子,她们的丈夫竟都以求学为名,逃到了海外。

故事的开始是相似的,但结局却大相径庭。一个守着41年婚姻,以为熬总能熬到头,谁知却做了"一世的牺牲";一个成为民国新式离婚的第一人,荡气回肠地演绎了民国版的《我的前半生》。

有人说:"幸福的婚姻是相似的,而不幸的婚姻却各有各的不幸。"可对于张幼仪和朱安来说,她们婚姻的不幸却是相似的。朱安是鲁迅同乡,祖上曾做过知县一类的官员,可谓是大家闺秀。而张幼仪则出身富裕家庭,祖辈曾做过官,在地方很有威望。但朱安和张幼仪都是旧式女子,从小被教养成一个符合传统要求的典型:恪守三从四德,温良贤淑,谦卑谨慎,朱安还认真地裹了小脚。鲁迅和徐志摩毕竟都是受过新式教育的人,而朱安和张幼仪见识不多,打扮也不时尚。在母亲"母病速归"电报的催促下,鲁迅急忙从日本赶回家乡,才发现母亲是在给他筹办谋划多时的婚礼;徐志摩见到张幼仪照片的第一眼就用鄙夷的口吻评论:"乡下土包子!"但父亲非常看好张家的殷实家境、张氏兄弟的无量前途。为了遵从寡母的愿望,鲁迅和徐志摩还是极不情愿地成了婚,只是在朱安独守空房三天后,鲁迅就去了日本。徐志摩完成了父母期望的传宗接代的义务，在大儿子出生后就游学海外了。对于这段婚姻，鲁迅说："这是我母亲给我的一件礼物，我只能好好地供养它，至于爱情，那是我所不知道的。"徐志摩把自己和张幼仪的婚姻比作"小脚和西服"。婚后的鲁迅对待朱安就像陌生人，即便是同桌吃饭，鲁迅也不会主动说一句话。同鲁迅一样，徐志摩和张幼仪的婚姻是沉默的，他即便和佣人聊天，也不愿意和张幼仪多说一句话。不同的是，徐志摩在用沉默凌迟张幼仪的同时，又心安理得地享受着她的照料甚至温顺。

对于这种包办婚姻，张幼仪和朱安都无能为力，但他们都知道自己的夫君才华横溢，受人仰慕，她们对岁月静好的生活也充满了期待。但婚姻从来都不是靠一方的努力就能美满幸福的，婚后的她们发现无论自己怎样贤惠，所有的努力都是徒劳。

一潭死水的生活让徐志摩懊恼不已，他常对张幼仪说："我一定要和你离婚！"在英国剑桥大学留学期间，多情的徐志摩对才华横溢的林徽因一见钟情，于是就展开了疯狂追求。而他和林徽因在一起的最大障碍就是张幼仪，因此那时候的徐志摩，迫不及待地想要甩开她。可事情偏偏不凑巧，这时候的张幼仪却怀上了徐志摩的第二个孩子。当徐志摩得知自己又将成为父亲时，他的第一反应竟然是赶紧打掉。面对徐志摩的无情，张幼仪唯唯诺诺地说："我听说有人因为打胎死掉了……"徐志摩却嗤之以鼻："还有人因为坐火车死掉呢，难道人家就不坐火车了吗？"徐志摩向张幼仪抛下了一纸离婚书，就彻底消失不见了。

而跟朱安的婚姻有名无实的鲁迅，回国在北平任教后，就将母亲及一直陪侍母亲的朱安接到了北平，并每月寄送着生活费用。鲁迅在北京女子师范大学讲课期间，认识了比他小18岁的许广平。他们的师生关系延续了一年多，之后因为40多封通信，两人共同的理想渐渐升华成为爱情的火焰。之后,鲁迅和许广平在上海共同生活并生下了儿子周海婴,而这些对于朱安来说,无疑都是莫大的打击,但朱安很快释然了:"大先生的儿子就是我的儿子,等我百年后,大先生的儿子自然会给我斋水,不会让我做孤魂野鬼的。"

同样是面对丈夫的无情与背叛,同样是生活在无爱的婚姻里,可是朱安和张幼仪却选择了不一样的人生道路。囿于执念还是痛定思痛?面对丈夫的背叛,房东的妹妹问她:"那你以后怎么生活呢?"一向沉默寡言的朱安突然变得口齿伶俐起来,她激动地说:"过去大先生和我不好,我想好好服侍他,一切顺着他,将来总会好的。我好比就是一只蜗牛,从墙底一点点往上爬,虽然爬得慢,但总有一天会爬到墙顶的。可是,现在我没有办法了,我对他好,也是无用。看来我这一辈子只好服侍娘娘(鲁迅的母亲)了,万一娘娘'归了西天',我从大先生的为人看,我以后的生活他是会管的。"即便鲁迅有了许广平,朱安依然守着他们残破的婚姻,厮守着鲁迅的母亲。很多人诟病鲁迅的残忍,可是朱安又何曾反思过自己的问题。鲁迅在出国之前,曾交给朱安一个任务,就是把小脚给放了,还要学点知识。

在日本留学期间,鲁迅还不忘写信给母亲,让母亲督促朱安到学堂里学点知识。可是整整7年过去了,朱安还是守着自己的老一套,依旧大字不识一个。她把放开裹脚识文断字当成是离经叛道的事情,而她的丈夫,恰好最厌恶的就是封建卫道士的这一套,这样的两个人如何能够有心灵的交流呢?

反倒是张幼仪,在最艰难的时光里读懂了命运,读懂了自己婚姻悲剧的原因。张幼仪回忆起自己和徐志摩相处的点点滴滴时,想起徐志摩曾把他们夫妻比作"小脚和西服",可张幼仪不理解,自己从来都没有缠过小脚啊?而这些艰辛的岁月让张幼仪终于明白了徐志摩的言外之意。

　　她为了丈夫，为了家庭，放弃了自己的一切，包括出门、求学、自己的感受。她以为丈夫就是自己的天，把孩子和丈夫当成了自己的全部。她以为结了婚就是找到了一生的依靠，虽然没有缠小脚，但这些行为，与那些缠小脚的女人的行为又有何异呢？这一刻的张幼仪明白，她不是失去徐志摩，不是失去婚姻，她是失去了自己。苦苦守候的结果还是要忍痛放手。

　　相对于徐志摩来说，鲁迅对朱安可以说仁至义尽。徐志摩不爱张幼仪，却和她有了两个孩子，甚至不惜说出"将孩子打掉"之类的绝情话；鲁迅不爱朱安，却也尽到了"照顾"她的义务，没有休妻，还劝她改嫁。即便临死时，也托付许广平要给朱安邮寄生活费。可以说，张幼仪的命比朱安苦太多了，她成了民国时期第一个被丈夫休掉的女人，身怀六甲的她在异国他乡不会说一句英语，而身边却没有一个亲人。在哥哥的书信劝说下，她辗转来到法国乡下，一个人生下孩子，可她的幼子，却只与这个世界有了短暂的交集，便溘然长逝。痛苦的反思后，她做出了决定："我要做个拥有自我的女人。"朱安原本有机会摆脱命运的牢笼，可是她没有。她执拗地以为只要等待，大先生终会回头；她固执地不去反思，不想进步，于是她至死不能理解，为什么自己这样一心一意苦苦守候，却换不来鲁迅的心。她不明白，婚姻里除了服侍，更重要的是彼此理解；除了门当户对，更要精神上的势均力敌。

　　一次失败的婚姻，于朱安来说，是永恒的坟墓，而于张幼仪来说，却是一次破茧成蝶的机会。在被徐志摩抛弃之后，张幼仪在异国他乡一个人默默地把小儿子生下来，之后跟着二哥到了德国攻读幼儿教育，学了一口流利的德语。几年后，小儿子彼得不幸去世，张幼仪带着大儿子回到了阔别已久的上海。回国之后的张幼仪，先在一个学校当老师，独自抚养孩子，不时地照顾公公婆婆，后来跟人合伙开起了云裳服装公司。这个被徐志摩嘲笑为"乡下土包子"的女人，偏偏就经营出了一家服装公司，引领了整个中国的时尚潮流。张幼仪虽然文化水平不高，但经营能力很强，不仅云裳服装公司做得风生水起，之后她还担任了上海女子商业储蓄银行的副总裁，这份工作完全展示了张幼仪的才华和能力。离婚后的张幼仪不仅不再是那个跟在徐志摩后面唯唯诺诺的"小脚"女人，甚至凭借着自己的能力，在事业上走到了巅峰。

而此时的朱安，还在口口声声地宣称着："我生是周家的人，死是周家的鬼！"陪伴着鲁迅的母亲落寞地生活在北平的胡同里。

朱安和张幼仪，两个同样经历过悲剧婚姻的女性，却最终走向了不一样的结局。朱安苦苦守候着这个无性无爱的婚姻41年，死后唯一的遗愿是葬在大先生旁边，但最后依旧不能如愿。

张幼仪却用自己的经历告诉了天下被抛弃的女子，婚姻不是生命的全部，即便被抛弃，只要有一颗坚毅的心，也一样活得扬眉吐气。朱安面对许广平，大概也会有被横刀夺爱的怨，但她依然不得不接受许广平汇寄的生活费才能勉强度日。而张幼仪则彻底放下心中的芥蒂，邀请了陆小曼——也就是徐志摩之后的妻子做服装公司的模特，最终还让她的服装公司云裳时装成了国内的时尚标杆，在徐志摩母亲去世后，她在徐志摩的邀请下，非常妥善地料理了后事。离婚多年后，张幼仪和徐志摩的关系变得亲密起来，开始聊天，徐志摩甚至开始欣赏她。他在写给陆小曼的信中提及张幼仪时说："她是个有志气有胆量的女子。"

朱安在穷困潦倒时，靠卖鲁迅的遗物度日，却惨遭各方反对；而张幼仪在徐志摩死后，看到徐志摩那一首又一首优美感人，却从来不是写给她的诗时，依旧愿意出钱帮徐志摩编一套全集；朱安苦守一生，空等一生，最终只愿来世不再见鲁迅；张幼仪笑对过去，感谢徐志摩，是他让她遇到最好的自己。所以，张幼仪将自己变成了时代的传奇，朱安却成了先生的旧物。朱安最终真如自己所言，成了一只蜗牛，背负着沉重的负担艰难度日；而张幼仪却蜕变成了蝴蝶，当命运给她以痛时，她依旧能够报之以歌，最终凤凰涅槃，破茧成蝶。

　　读懂了朱安和张幼仪，才能读懂何为格局。一个人的格局，就是思想的深度、眼界的宽度与胸怀的广度。不一样的格局，决定着不一样的结局。读懂了朱安和张幼仪，才能读懂爱情与婚姻。独立，是一个女人的底气与胆气，也是女人得到男人尊重和欣赏的本钱。读懂了朱安与张幼仪，才能读懂人生。才知道，风花雪月从来都不是一个女人的全部。幸福，从来不靠别人，要靠自己成全。

（摘自《她让生命散发了光》《幸福，从不靠别人成全》，选文有删改）

【评价摘录】

　　这是母亲送给我的一件礼物,我只负有一种赡养的义务,爱情是我所不知道的。

　　　　　　　　　　　　　　　　　　　　　　　　——鲁迅

　　厚厚的嘴唇,呆呆的脸庞,没有一点灵气,乡下土包子。

　　　　　　　　　　　　　　　　　　　　　　　　——徐志摩

【其人语录】

　　我活着是周家的人,死后是周家的鬼,后半生我就是侍奉我的婆母。

　　　　　　　　　　　　　　　　　　　　　　　　——朱安

　　你们总说鲁迅遗物,要保存,要保存!我也是鲁迅的遗物,你们也得保存我啊!

　　　　　　　　　　　　　　　　　　　　　　　　——朱安

　　我的离婚要感谢志摩,不是他我不能成长,也不能找到自己。

　　　　　　　　　　　　　　　　　　　　　　　　——张幼仪

　　斯人已逝,爱也好,恨也好,又能如何?一笑泯恩仇,能不恨就不恨吧。

　　　　　　　　　　　　　　　　　　　　　　　　——张幼仪

按照示例，请你来补充文中的主要观点。

主要观点	例证简述
态度决定未来	面对婚姻的坎坷与不幸，朱安选择了屈服与固守等待，而张幼仪选择了面对与改变自我，最终朱安离梦想越来越远，而张幼仪却拥有了另一种精彩。
人可以改变命运的罗盘	在女性无法左右自己命运的时代，朱安与张幼仪都遭遇了不幸的婚姻，但张幼仪通过自己的努力改写了命运。
人生有很多扇门等待我们去打开	张幼仪在婚姻的门中碰壁后推开了服装经营、金融的门，活成了自己生命的宠儿。

你积累的名句有哪些?

适用主题	摘录语句

有一种专业叫祖国需要

钱伟长(1912—2010),江苏无锡人,世界著名科学家、教育家和社会活动家,中国科学院资深院士。钱伟长长期从事力学和应用数学,为中国航空航天和军工事业建立了不朽的功勋,被人称为中国近代"力学之父""应用数学之父"。他曾任上海大学校长,南京大学、南京航空航天大学、江南大学、暨南大学、扬州大学等名誉校长。

从力学到应用数学，从文科到理科，从物理到教育再到社会活动，这些领域都有他活跃的身影，并且每一方面他都堪称专家。他曾说："我没有专业，祖国的需要就是我的专业。"这位科学家就是钱伟长。

1912年10月9日，钱伟长出生于江苏无锡鸿声乡七房桥村一个知书识礼的家庭。父亲钱声一是一位小学校长，四叔钱穆也在小学任教。按照乡间习俗，长子出世由父亲取名，但钱氏兄弟俩互相谦让，最后决定由钱穆为长侄起名。他动了一番脑筋，为他取了"伟长"。此名字是有出处的，建安七子中有个徐干，字伟长，颇有文才。钱伟长后来回忆说："四叔替我取这个名字有见贤思齐的景仰之意。"可见钱穆对他寄予了无限的希望。少年时代的钱伟长在叔父的熏陶下很喜欢国学，在家乡的湖畔和小河边他背下了很多古诗，他还读了许多儒家的著作，对中国历史更是熟悉。当他成了著名的科学家后，还写着一手好诗。50年以后钱伟长回忆说："陪伴四叔读书的几年，使我养成爱读书的习惯，以致终身受用。四叔除读书以外，便是练字，纸张贵，就在旧报纸上练，字越写越好。我也跟着练字，画图画，还学习下围棋。"

1931年，18岁的钱伟长以中文和历史两个100分的成绩走进了清华大学，并进入了历史系。钱伟长属于典型的"偏科生"，高考物理只有5分，数学、化学一共考了20分，英文因没学过是0分。但正是这样一个在文史上极具禀赋、数理上极度"瘸腿"的学生，却在一夜之间做出了一个勇敢的决定：弃文从理。这个决议是他进入历史系的第二天做出的，这一天恰是1931年9月18日，日本帝国主义发动了震惊中外的"9.18事变"，侵犯了东北三省。从收音机里听到这个新闻后，钱伟长拍案而起，他说："我不读历史系了，我要学造飞机大炮。国家的需要，就是我的专业。"

和钱伟长一样有着科学救国热情的青年还有很多，当年清华大学106位新生中，要求进物理系的竟有21人。而钱伟长的这个激情之下略带冲动的选择，并不能被当时物理系的系主任吴有训接受，但钱伟长的爱国热情兼之软磨硬泡，终于让吴有训妥协，同意让钱伟长进入物理系。不过，他也给钱伟长提了一个条件：一年后数理化成绩必须在70分以上，否则仍然回历史系。

为了能够留到物理系，他决定苦学苦读，再困难也要迎头赶上去。他先攻英文关，因为大学理科讲课，教材全用英文。第二步再向数理化进攻。同学们发现，钱伟长的面色与入学时相比更加憔悴，头发变得稀疏了许多，身体也瘦弱多了，衣服穿在身上显得肥肥大大的。他几乎一整天都是在教室度过的，有时他静静地冥思苦想着，有时他默默地在草稿纸上演算着，但他的脸上总是露出坚毅的表情。为了取得理想的成绩，他要付出比别人更多的努力。

这一年，他一天最多的睡眠只有5个小时。早晨6点一起床便到科学馆去读书，晚上10点学校熄灯后，只要厕所的灯通宵开着，他就躲在厕所的一角继续读书，直到深夜才悄悄返回宿舍。大家都称赞钱伟长太用功，他却说："比起华罗庚，我还差远了。每天早上我去科学馆背书，华罗庚却已经学完准备去吃早饭了。"

就这样，钱伟长用3个月的时间把中学数理化课程学完了，又用两个月的时间追赶上了大学的课程，考试时他的所有成绩都在70分以上。与钱伟长一同转来物理系试读的5个同学，只有他一人达到合格线。他顺利地升入二年级,最终也成为物理系最优秀的学生。钱伟长曾说:"我不是天才,我的学习是非常勤奋的,我发现很多东西我还不懂,有需要我就学。你们不要相信天才论,关键是在于刻苦和努力。没有学不会的东西,问题在于你肯不肯学。"

钱伟长的体育情结与他的爱国情结是分不开的。起初,钱伟长选课时选择的是体育课的体弱班,吴有训则告诉他:"不必上体弱班,要重视锻炼,不必退缩,没有健康的体格就无法成就一番大业。"

实际上,幼年时期的钱伟长家境贫寒,由于缺医少药,他曾患过肠胃寄生虫病、疟疾、肺病等多种疾病,以致留下了一个发育不良的瘦弱体格。钱伟长进入清华大学时,身高只有1.49米,马约翰教授为他进行了体格检测,测量身高的标杆最低刻度在1.5米,钱伟长也因此成了清华大学历史上身高不达标的学生。不仅如此,接着测量的几项,体重太轻、肺活量不足,跑圈也跑不下来。不过马约翰温和地鼓励他以后要注意锻炼。这些钱伟长都暗暗记在心里,并自觉开始了体育锻炼。

1932年10月,清华大学举行了一年一度的全校越野比赛,钱伟长作为被同学拉上去凑数的一员,紧跟在队伍里一名物理系研究生(没想到该生就是学校越野队队长)的后面,钱伟长不仅坚持了下来,还拿了一个第八名。后来,马约翰教授选取这次比赛中的前10名,组成了清华越野代表队。钱伟长在马约翰的悉心教导下,逐渐成长为一名学校多项体育代表队的队员。田径是最初给钱伟长带来成就感的一项体育运动。他参加的田径项目主要有越野、跨栏和接力。钱伟长加入越野代表队后,每天进行长跑练习,可是,由于身高不足,跨栏又成了他的一道难题。1.06米的栏杆,比钱伟长的腰部还高,他反复观察跨栏,寻找突破口,经过多次摸索,他利用自己步伐频率较快的优势,把传统的三步上栏法改为四步上栏法。同时,为了尽可能压低跨栏的高度提高跨栏速度，他在栏杆上放一块瓦片，每次跨栏时，用脚把瓦片扫掉，而不碰触栏杆。

1933年，全国大学生运动会田径赛场上，清华大学的小个子钱伟长左右开弓，四步上栏，成了一道亮丽的风景线，他以13秒04的成绩获得了100米跨栏的第三名，大爆冷门。除此之外，钱伟长还成了清华大学足球队的主力左前锋，甚至凭借着不懈的锻炼，毕业时，钱伟长的身高居然达到了1.65米！古稀之年的钱伟长依然坚持长跑锻炼，直到90岁，钱老认为长跑已不太适合自己，才要求自己每天步行3000步。正是依靠体育锻炼，钱伟长一直保持了健康的体质和灵活的头脑。

通过埋头苦学和积极健身发生蜕变的钱伟长，更是考取了中英庚款会公费留学生。因第二次世界大战爆发，船运中断，他被改派到加拿大多伦多大学学习，主攻弹性力学。在导师的帮助下，28岁的钱伟长只用了50天时间，就完成了世界第一篇有关弹性板壳内禀理论的论文《弹性板壳的内禀理论》。爱因斯坦看到这篇论文后说："我这一辈子，就这个问题没有解决，我一直睡不好觉，一直在研究，还有东西没弄清楚，《弹性板壳的内禀理论》把困扰我的问题弄清楚了。"随即这篇论文被寄到了世界导弹之父——冯·卡门的手中，冯·卡门看后大受震动，将这篇文章与物理学家爱因斯坦、弹性力学家赖斯纳、电子计算机发明者冯·诺埃门、板壳弹性力学教授铁木辛柯、应用数学权威柯朗等赫赫有名的学术权威的文章收集在他60岁的祝寿文集里。

1942年底，钱伟长又进入美国加州理工学院，在冯·卡门教授主持的喷射推进研究所工作。尽管美国的工作和生活条件非常优越，8万美元的年薪，对那个年代的中国人来说，简直就是天文数字，但钱伟长的心中始终燃烧着为自己的祖国做贡献的强烈愿望，他多次委婉地向导师表达了自己的心愿，但由于他从事的是火箭、导弹技术和地球人造卫星方面的科学研究,美国有关方面极力劝说他留在美国,而且他的老师冯·卡门始终不肯答应。无奈,钱伟长便以思念家人和不曾见面的6岁儿子为由,申请回国探亲。抗日战争胜利后的1946年8月6日,这位一心报国的年仅36岁的动力学家只随身带了简单的行李和几本书籍,一路辗转,终于回到阔别多年的北京清华园,并投入到了繁忙的教学工作中。他曾回忆说:"我是中国人,我要回去。固然回国后,第一个月的工资只够买一个暖水瓶,但我从来没有后悔过,更从来没有对国家失去过信念。"

为了培养更多科学救国的人才,他几乎承包了清华大学、北京大学和燕京大学的应用力学、材料力学、理论力学、弹性力学等课程,还担任《清华工程学报》主编,承担审稿工作。最多的时候,他一个星期上17节课,而一般的教授只上6节课,但是他并没有因此获得更多的工资,一个月的薪水只能买两个暖壶。为了维持生计,他不得已只好在北京大学工学院和燕京大学工学院兼课,但仍不得温饱,他不得不向单身同事和老同学借贷度日。日子就这样在艰难和充实中过着。1948年,美国喷射推进研究所向钱伟长发来邀请,高薪聘请他赴美工作,年薪8万美元,这比当时一名内阁部长的待遇还要高。当他到美国领事馆填写申请表时,发现最后一栏写着:假如中国和美国开火,你会为美国效力吗?钱伟长断然填上了"NO"。此后,钱伟长参与创建了北京大学力学系——开创了中国大学第一个力学专业,招收了中华人民共和国成立后第一批力学研究生,出版了中国第一本《弹性力学》专著,开设了中国第一个力学研究班和力学师资培养班,还创建了上海市应用数学与力学研究所。1954年他提出了圆薄板大挠度理论,成为国际理论力学大会最年轻的大师,钱伟长也因此被人称为中国近代"力学之父"和"应用数学之父"。

1956年,我国第一次制定十二年科学规划,钱伟长提出5项科学远景规划:原子能、导弹航天、自动化、计算机和自动控制。规划提出来后,许多人看傻了眼:钱伟长学的是力学和应用数学,难道他不要自己的专业了?其实,钱伟长关注的并不是某一个学科,而是国家整体科技实力的提升。当时的400多名专家学者都对钱伟长的提法持不同意见,钱伟长就与他们争执了起来,而只有两个人坚决支持了他——一个是钱三强,一个是钱学森。最后周恩来拍板:"'三钱'说的是对的,我们国家需要这个。""三钱"这个称谓,也由此传开。

但是他的科学报国路并不平坦。1957年1月31日,因为在《人民日报》上发表的《高等工业学校的培养目标问题》一文,提出了与苏联教育思想相悖的不合潮流的见解,他被划为"右派",由此,钱伟长开始了长达25年的"右派"生涯。没有任何事情可做的钱伟长悄悄发明了"高能电池",给坦克装上后可以让坦克发动2000次。1968年,这位56岁的科学家又被分配到北京首都特钢厂做了一名炉前工。他和工人们一起建立了热处理车间,还设计了当时北京最好的液压机床。由此,他也和工人们结下了深厚的感情。1972年,当他接到为坦克和野外作业部门研制大电流高能电池的任务时,他查阅了有关的国内外资料,成功地研制出多项指标超过国际水平的锌—空气电池,并协助建立了锌空气电池厂。

1972年周恩来亲自点名,让他参加科学家代表团访问英国、瑞典、加拿大和美国。当时很多人不相信钱伟长对祖国的忠诚,代表团团长表示不能保证他出国后不逃走,于是周恩来换了另一名团长,但新团长依然不赞成钱伟长出访。直到临行前一天他都不知道此事。周恩来叫秘书派车去清华大学找钱伟长,这才知道他还在首都特钢厂劳动。秘书又赶到首都特钢厂,带着来不及换下劳动服的钱伟长赶到会议现场。周恩来见状，叫秘书给他换好衣服，并把自己的鞋子送给他，这样钱伟长才得以出访。

1979年，钱伟长终于摘下了"右派"的帽子，开始担任一些职务。这一年他已经68岁。1983年，72岁的钱伟长只身到上海工业大学担任校长。担任校长期间，钱伟长提出"三制"——学分制、选课制和短学期制。这些当时看来非常"前卫"的教改办法，现在已成为高等教育的主流方法。钱伟长既抓师资队伍、科学学制、办学设施等方面的建设，也抓学生的全面发展和素质教育。担任上海大学校长期间，钱伟长出版了50万字的《论教育》，他强调务实，更强调教育兴国。他说："我从美国回来就是为了祖国，我要培养更好的学生。"作为校长，他不拿学校一分钱，在上海他连自己的住房都没有，一直住在学校的招待所里，房间摆设十分简单。但作为"万能科学家"的他，这一时期最为人称道的科学成就竟然是汉字宏观字形编码，简称"钱码"，当然，这也有赖于他深厚的国学功底。

活到老、学到老、做到老是钱伟长的口头禅。"我36岁学力学，44岁学俄语，不要认为年纪大了就不能学，我学计算机是在64岁，我当初也在计算机领域钻研了一段时间了，当然不像年轻人钻的那么精深，不过也吓不倒我。"钱伟长笑着说。

2010年7月30日钱伟长在上海逝世，享年98岁。

（摘自柯琳娟《钱伟长传》、李盈盈《力学之父，钱伟长》，选文有删改）

【评价摘录】

　　他的每一次选择,坚定执着,惊世骇俗,而这些"每一次"都是我们国家和民族的大幸。

——传记作者李盈盈

　　从义理到物理,从固体到流体,顺逆交替,委屈不曲,荣辱数变,老而弥坚,这就是他人生的完美力学,无名无利无悔,有情有义有祖国。

——2010年感动中国人物颁奖词

【其人语录】

　　没有一个独立富强的国家,就没有个人的一切。
　　世界上没有天才,人的所有才能都是后天获得的。

按照示例,请你来补充一下钱伟长的具体品质。

具体品质	例证简述
理想与人生价值	高远的报国理想让钱伟长实现了从理科薄弱生到万能科学家、中国"力学之父""应用数学之父"的华丽转身。
国家至上的赤子情怀	"祖国需要就是我的专业"的拳拳之心,让他毅然放弃国外的优厚待遇,投身到祖国科研和大学教育之中。
时时将自己活成一束光	被错划为"右派"期间,钱伟长依然发明了"高能电池",建立了热处理车间,设计了液压机床,解决车间的技术难题。

你积累的名句有哪些?

适用主题	摘录语句

古典诗词的传播者

叶嘉莹,1924年生于北京,毕业于北京辅仁大学国文系。曾执教于台湾大学,并赴美国哈佛大学、密歇根州立大学讲学。1969年迁居加拿大温哥华,受聘不列颠哥伦比亚大学终身教授,1991年当选为加拿大皇家学会首位中国古典文学院士,现任南开大学中华古典文化研究所所长。2016年,叶嘉莹获得影响世界华人终身成就奖。

先生，不仅是一种称谓，更蕴含着敬意与传承。堪称先生之名者，不仅在某一领域独树一帜，更有着温润深厚的品格、豁达包容的情怀，任风吹雨打，仍固守信念。在市场强势奔袭的时代，先生们还需耐得住寂寞，挡得住诱惑，为后生晚辈燃起读书、做人的一盏明灯。

她是可敬的先生，也是诗词的女儿；她是中国古典文化的继承者和传播者，更是众多诗词爱好者的指路灯塔。2008年，她获得首届中华诗词终身成就奖；2013年，获中华之光——传播中华文化年度人物奖；2016年，获2015年度影响世界华人大奖终身成就奖。

她是海外传授中国古典文学时间最长、影响最大的华裔女学者。集如此多的荣誉于一身，她究竟是谁？她就是中国的古典文学专家、诗词大家：叶嘉莹先生，号迦陵。

诗词二字，令人想到岁月静好，时光温柔。可叶嘉莹这一生是诗词的一生，更是不幸的一生，少年丧母，晚年丧女，中年丧失感情和婚姻，半世凄寒，难能安稳。在她整个生命历程里，似乎都是生离死别。虽然生活给予她最沉痛的打击，但她仍昂然屹立，坚忍不拔。一路走来，她命运多舛可才华纵横，颠沛流离却度人无数。无论前方如何凄风苦雨，她始终执着而坚强。

算来先生教书育人已70余载，一生劳瘁竟何为？唯愿诗词永流传，她说"柔蚕老去应无憾，要见天孙织锦成"。如今先生已96岁高龄，满头华发，但举手投足间，皆有文人的儒雅气质，卓越风采。真可谓"若有诗书藏在心,岁月从不败美人"。她站在那里,就是诗词的最好诠释。

1924年,叶嘉莹出生于北京的一个书香世家,她是满族叶赫那拉氏后裔,祖父为光绪年间翻译进士,在工部任职;父亲就职于中国航空公司,母亲曾是一所女子职业学校的老师。生在这样一个既有旧学传统,又有开明风气的家庭,叶嘉莹从小受到了良好的教育。父亲教她英文,姨母教她算术和习字,伯父对她影响最为深远,教她唐诗宋词。在古雅宁静的庭院里,在书香萦怀的书斋中,叶嘉莹整日浸泡在诗词的世界里,这也为她打下了古文的坚实基础。但她也因此失去了童年。除了诗书,她的世界没有其他乐趣,像那时小孩子会玩的游戏,荡秋千、跳绳子,她都不会。这样关在家中长大的日子尽管有诗书相伴,可对于还是孩童的她毕竟有些寂寞。15岁那年,叶嘉莹写下一首《秋蝶》,委婉地表达了自己的孤独之感:几度惊飞欲起难,晚风翻怯舞衣单,三秋一觉庄生梦,满地新霜月乍寒。后来读到高中,叶嘉莹出众的才学引起了大家的关注,老师啧啧称赞:"诗有天才,故皆神韵。"只是这样吟诵诗词的静好岁月,总是留也留不住。

1937年,战乱四起,叶嘉莹一家也开始了颠沛流离的生活,父亲跟随当时的政府向南撤退,这一去就是4年的杳无音讯,而对于叶嘉莹来说,人生更大的变故还不止于此。

1941年,叶嘉莹考上了辅仁大学国文系,本该还沉浸在兴奋之中,可噩耗来得却那样快,甚至令人措手不及。"我母亲本来身体还可以,只是她腹中长了一个瘤,去天津租界的医院开刀时感染了,在天津到北京的火车上,我的母亲去世了。"这一年,叶嘉莹才17岁,父亲下落不明,母亲撒手人寰,单留下她和两个年幼的弟弟。

"我最痛苦的一段回忆,大概就是听到钉子一下一下敲进棺木的声音。"叶嘉莹失去了唯一的依靠,人生第一次如此窘迫和悲苦,她含泪写下了8首《哭母诗》，字字泣血。幸运的是，伯父、伯母伸出了援助之手，叶嘉莹的学业并没有中断并得以顺利毕业。只是身逢战乱，又有丧母之痛，叶嘉莹的哀伤可想而知。

这些飘着凄风苦雨的诗句都是她那时心情的写照，但这样的遭遇，也仅是她艰辛道路的开始。

叶嘉莹没有童年，她深谙诗词中的儿女情长，可她自己却从未真正恋爱过。

读大学期间，她很少和男生讲话，有男同学给她写信，她也从没回过。至于原因，叶嘉莹引用了一句吕碧城的词"不遇天人不目成"，但这人一直没有出现。当时有一位很喜欢她的老师，将自己的堂弟赵钟荪介绍给她。差不多两年的时间里，赵钟荪几次向叶嘉莹求婚，她始终没有答应。后来有人为赵钟荪在南京谋了个职，赵钟荪又一次提出与叶嘉莹订婚，并说："你不答应我，我就不去。"因为一直没交往过男朋友，赵钟荪对自己又不错，叶嘉莹又不愿赵钟荪真的因为自己而失去南京的工作，像是士子为了一种义气，她便答应了。而这个选择，给叶嘉莹带来了婚姻，却没有给她带来爱情。1948年3月，叶嘉莹来到南京和赵钟荪结了婚。同年11月，两人到了台湾，生活看似安稳，但一段更为波折的路途正等待着他们。1949年，台湾的"白色恐怖"弥漫开来，赵钟荪因种种原因入狱。次年夏天，叶嘉莹和尚未断奶的女儿也遭到牢狱之灾。幸而不久后，叶嘉莹和女儿被释放出狱，但她工作没了，收入没了，宿舍也没了，成了一个无家可归的人。无奈之下，叶嘉莹投奔到丈夫的姐姐家。白天，她就抱着女儿到外面的树荫下转悠，以免孩子吵到人家。夜里，等大家都睡了她才回屋，铺一条毯子，和女儿睡在走廊的地上。寄人篱下的滋味并不好受，但为了女儿，她告诉自己必须忍受。这时候，她把自己的经历化成了一首首诗词，"转蓬辞故土，离乱断乡根"

是她漂泊流离的痛苦写照；"覆盆天莫问，落井世谁援"是她遭遇天灾人祸的无助呻吟；"剩抚怀中女，深宵忍泪吞"是她寄人篱下的隐忍和悲哀。后来经一个亲戚介绍，叶嘉莹去了台南一家私立女中教书，生活才算安定下来。就这样，她一边带着女儿寻找机会教学求生，一边打探着丈夫的消息，3年之后，赵钟荪终于平安回来，只是归来之后的团聚带来的并非喜悦而是又一次苦痛。3年的牢狱生活，让赵钟荪性情大变，一改从前模样，他不再温文尔雅，变得异常暴躁，轻则谩骂，重则家暴。她再也受不了这个世界的无情和残酷，甚至想过带着女儿结束生命。最绝望的时候，是王安石的一首诗，给了叶嘉莹精神的慰藉：风吹瓦堕屋，正打破我头。瓦亦自破碎，匪独我血流。众生选众业，各有一机抽。切莫嗔此瓦，此瓦不自由。叶嘉莹想通了，她告诉自己："不要怨天尤人，我只是默默承受，但是我不能跌倒，我还要在承受之中，走我自己要走的路。"她谅解了丈夫的遭遇，谅解了丈夫的脾气，可令叶嘉莹寒心的是，当她生下第二个女儿之后，丈夫对她却更为冷漠，没看一眼便离家出走。

婚姻破碎了，可她和两个女儿的生活还要继续，叶嘉莹咬紧了牙关：无论我经历多少，只要我还活着，就一定要活下去。生活万般艰难，但每当朗读诗词，古人的诗作和经历总会给她些许安慰，让她有了力量和这个世界对抗。好在命运总算迎来了转机，因为她的课讲得太好了，不只国人，西方汉学家也为她的口吐莲花所倾倒，就邀请她去美国。1966年，42岁的叶嘉莹前往美国讲学，后来又接受了加拿大哥伦比亚大学的聘请，在温哥华定居下来。这段教书的时光温暖了叶嘉莹支离破碎的心，只要往讲台上一站，她便神采飞扬，诗词歌赋信手拈来，她便忘却了所有烦恼。这样的生活是她最快乐的日子，有喜爱的诗词，有教师的工作，有喜欢她的学生，她以为从此这便是一生，但没想到，平生几度有颜开,风雨逼人一世来。

1976年,当年那个与她相依为命,在患难中成长的大女儿言言,在外出旅游时出了车祸,与女婿同时逝去。52岁的她白发人送黑发人,从此死生不相见。那些天,她把自己关进小屋里,不说话也不哭泣,泪水早已流尽,悲痛化为无声,她只能把对女儿的爱和思念写成一行行诗句。17岁那年她绝望地写下8首《哭母诗》,现在她又绝望地写下10首《哭女诗》。

叶嘉莹这一生,历经世事无常,各种生离死别好像都尝了一遍,但即使是这样,她也熬过去了,她将痛苦深藏心中,倔强地面对一切:惆怅当年风雨,花时横被摧残。平生幽怨几多般,从来天壤恨,不肯对人言。

王国维说:"天以百凶成就一词人。"历经了百般不幸,叶嘉莹顿悟了:"以无生之觉悟过有生之事业,以悲观之心情过乐观之生活。"极大的悲哀和痛苦,会让你对人生有另外一种体会。而叶嘉莹的体会,就是要用余生来弘扬诗歌文化。

从离开北京之后,叶嘉莹就一直惦念着故乡,怀念北京那古老的城古老的家。在加拿大工作那些年,她时刻盼望着能重回故国。她说:"我常常梦见我的老家北京,我进去以后院子还在那里,所有门窗都是关闭的,我也梦见我的同学到我老师那里,就是后海附近的位置,芦苇长得遮天蔽月,就是怎么也走不出去。我梦见我在课堂上听我的老师讲课,我也梦见我在课堂上给学生讲课……"大女儿的离世,令让叶老触动很大,更觉人生的短暂、人世的无常,有一个愈来愈强烈的声音在心中呼唤着。

1972年,加拿大与中国正式建交,叶嘉莹马上申请回国。1974年,叶嘉莹终于踏上故土,她是哭着回来的,激动之余,她写下了2700字的长诗《祖国行长歌》,她在诗中写道:"卅年离家几万里,思乡情在无时已。

一朝天外赋归来,眼流涕泪心狂喜。银翼穿云认旧京,遥看灯火动乡情。长街多少经游地,此日重回白发生。"

中国的诗歌,真正的灵魂毕竟在我的祖国。叶落归根,叶嘉莹求的不是安定,而是一个新的起点。在她的心里始终有一个梦想,就是让中国的诗词文化发扬光大,后继有人。她写道:"又到长空过雁时,云天字字写相思。荷花凋尽我来迟,莲实有心应不死。人生易老梦偏痴,千春犹待发华滋。"这一生岁月如梭,很容易就走到了尽头,但她有一个"千春犹待发华滋"的"痴梦",在千年以后,愿自己种下的莲子还能开出莲花。

1978年春,叶嘉莹给中国教育部写信,申请回国教书,得到批复后,她开始了每年利用假期回国讲学的忙碌生涯。最初在南开大学讲课,叶嘉莹的课程是讲授汉魏南北朝诗。那时她55岁,地点是一间约可坐300人的大阶梯教室,初次讲课,盛况空前,教室里挤得满满当当。叶嘉莹穿着蓝色中式上衣,站在讲台上,诗词歌赋信手拈来,仪态高雅,激情四溢。她在讲台上吟诵诗词,并非单调地读,而是用一种古声、古韵、古调,真正抑扬顿挫地吟唱出来,很奇特、很新颖,让学生们顿时惊为天人。

一位学生回忆说:"叶先生在讲台上一站,从声音到她的手势、体态,让我们耳目一新,没有见过,真是美啊。"

叶嘉莹在黑板上的板书也很好看,竖排繁体,边说边写,速度很快,学生们都听呆了。从那儿以后,一传十,十传百,很多外校的学生也赶到南开大学旁听,教室的台阶和墙边都挤满了或坐或立的人,甚至窗户上都坐着学生。临时增加的课桌椅,一直排到了讲台边缘和教室门口,以至于叶嘉莹想要走进教室、步上讲台都十分困难。

后来叶嘉莹离开南开大学时,最后一晚为学生们讲课。当铃声响起时,没有一个人离开。她与学生们沉浸在诗词的世界里,直到熄灯的号角吹起。叶先生感动之余作诗一首：白昼谈诗夜讲词，诸生与我共成痴。临岐一课浑难罢，直到深宵夜角吹。学生对她的喜爱，从中可见一斑。

自此20多年间，叶嘉莹在加拿大和中国之间来回奔波，她的身影出现在天津大学、南京大学、复旦大学、四川大学、云南大学、武汉大学、湖北大学、湘潭大学、辽宁大学、黑龙江大学、兰州大学、新疆大学等数十所高校。此外，她还举办了数次颇有影响的古典诗词系列专题讲演。大凡开讲，必定人头攒动，从七八十岁的学者，到十七八岁的青年，无不喜爱赞许。叶嘉莹的足迹不但遍布祖国大江南北，更是跨越世界亚欧美三大洲，她向全世界播撒着中华古典文化的美学种子，向海内外学子们讲授中国的古代诗词歌赋。而做这一切，她全是自费，在国内讲课也不要任何报酬。

叶嘉莹说："我是心甘情愿回来的，不能向国家要一分钱。"

1990年，叶嘉莹从加拿大哥伦比亚大学退休，她全身心地投入到了培养国内古典文学人才的事业上。1993年，她在南开大学创办了中国文学比较研究所，1997年改名为中华古典文化研究所，带出了一批硕士、博士生。

叶嘉莹捐献出自己退休金的一半约10万美金设立了驼庵奖学金和永言学术基金，用于国内古典诗词方面的人才培育。不仅如此，叶嘉莹还很注重国内少年儿童的古典诗词教育。

叶嘉莹说："诗词，是国魂，可现在的青少年一般都不喜欢去读，因为古文难懂，又有诸多典故、历史背景，其中的好处他们看不出来，所以我要讲，希望能够将诗词的好处传达给他们，只要有人愿意听，只要我还可以讲，我都愿意一直讲下去。如果到了那么一天，我希望我是倒在讲台上。"

这一生，叶嘉莹以培育桃李、传薪授业为乐，直至花甲，直至古稀，直至耄耋之年依旧汲汲于授业。

时光匆匆,叶嘉莹已经96岁高龄。她21岁开始教书,至今已75年之久,她这一生都奉献给了诗词,即便晚年依然没有停下脚步,85岁还坚持站在讲台上授课,90多岁还在讲古典文化。她不计功名利禄地拼命工作,有人问她:"诗歌到底有什么用。"

叶嘉莹坚定地说:"诗歌,可以让人心灵不死。"

是啊,叶嘉莹就是靠着诗歌滋养着内心,正是有了诗歌,才让她忘记伤痛,也忘了岁月和不幸,即便一路苦难,但前方依然有爱和希望,这就是文化的影响,这就是诗歌的力量。

2018年6月,94岁的叶嘉莹给南开大学裸捐1857万元。2019年,她再向南开大学捐赠1711万元作为迦陵基金,支持南开大学古典文化研究。加上此次捐款,目前她已累计捐赠3568万元。但谁也不会想到,这个蜚声海内外的大师,生活却简单到极致,一个人独立生活多年,经常在一锅开水里将青菜煮一煮,就着几个馒头就是一餐。

"往迹如烟觅已难,东风回首泪先弹。深陵高谷无穷感,沧海桑田一例看。世事何期如梦寐,人心原本似波澜。冲霄岂有鲲鹏翼,怅望天池愧羽翰。"叶嘉莹这首《春日感怀》写于1942年就读辅仁大学期间,这个时期是她诗词创作最为丰盛的时期,不仅因为国难家仇,更重要的是她遇到了恩师顾随先生。顾随先生门下弟子才俊云集,如周汝昌、黄宗江、吴小如等,都是著名的前辈学人。在跟随顾先生学习期间,叶嘉莹认真记下几大本笔记,几十年几经辗转,一直不离不弃,1992年,根据这些笔记整理出版了《顾羡季先生诗词讲记》,一代词学大家顾随的成就才广为人知。顾先生曾让叶嘉莹学洋文、问西学,以便日后借他山之石开阔眼界,使中国古典诗词研究更上层楼,叶嘉莹将恩师顾随的话铭记于心。

几十年之后,她果然将顾随的诗歌理念发扬光大,并研究出一套完善的治学方法:将中西文学理论结合,以西方文学理论解析古典小词,提出了全新的诗词解读。南开大学副校长、文学院院长陈洪评价叶嘉莹时说:"融合中西以推进词学研究,卓有成效者,海内外自是不做第二人想。青出于蓝而胜于蓝,有学生如叶嘉莹,顾随先生应庆幸得人。"

叶嘉莹教书育人,辛劳一生。她曾担任美国哈佛大学、密歇根大学、哥伦比亚大学客座教授,而今是南开大学中华古典文化研究所所长、博士生导师,加拿大籍中国古典文学专家,加拿大皇家学会院士,加拿大不列颠哥伦比亚大学终身教授,国内多所大学客座教授,中国社会科学院文学所名誉研究员。

教书的同时,叶嘉莹笔耕不辍。犹记得,1980年,先生的词学论集《迦陵论词丛稿》出版,首次印刷1万册,很快销售一空。这本书从学术理念、学术方法和表达方式等方面都给人以耳目一新的冲击,在词学界引起强烈反响。紧接着,她的《迦陵论诗丛稿》《王国维及其文学批评》等著作接连出版,在古典文学研究界亦获得好评无数。先生倾注毕生心血,写下了几十部诗词文集,主要有《中国古典诗歌评论集》《唐宋词十七讲》《中国词学的现代观》《诗馨篇》《王国维及其文学批评》《汉魏六朝诗讲录》《我的诗词道路》《清词丛论》《迦陵著作集》《历代名家词新释辑评丛书》《陶渊明的饮酒诗》《多面折射的光影——叶嘉莹自选集》,以上选自先生作品十二部谈及诗词。

先生曾说:"如今最大的心愿,一是把自己对于诗歌中生命的体会,告诉下一代的年轻人。二是接续中国吟诵的传统,把真正的吟诵传给后世。"

先生所说的吟诵不是念诗,更非西方所传入的朗诵。它是根据中国汉字单音独体的特质,用一种最符合其声调节奏、声律特色的方式,将中国诗歌抑扬高低的美感传达出来的一种方式。中国人的心智启蒙，往往是从诵念古诗词开始的，而中国古典诗词的生命，是伴随着吟诵之传统而成长起来的。为了将吟诵留给下一代，先生做出了不懈努力，每次讲古典文学，必吟诵诗歌，并录有吟诵课课程视频《叶嘉莹吟诵合集》，她还为国内第一套儿童吟诵教材——《我爱吟诵》担任顾问。

  叶嘉莹走遍寰宇，演讲旧诗词的场次数不胜数；出版说诗讲词之书之多，可谓等身；其书销售之广，亦属罕见。她为中华古典文学所做的贡献，能于今日古典式微之世，继绝学于不坠，使中国古典诗词得以新生且更上层楼。叶嘉莹才华横溢，孜孜不倦培育桃李，其对人生的态度更值得你我学习。一生要经历多少苦难，方能成就一代大才，辛酸痛楚，生离死别，她都一一尝过，可纵是千般不幸，她都熬了过来。

  人的生命有三个层次。第一个层次：解决温饱，让家人感到温暖。第二个层次：做能做的事，让自己人生有意思。第三个层次：做有价值的事，让生命变得有意义。叶嘉莹活到了第三个层次，她是一位不同凡响的女性，生活以痛吻我，我要报之以歌。一个人只有在看透了小我的狭隘与无常以后，才真正会把自己投向更广大更高远的人生境界，先生所展现的，是文人真正的风骨，是学者真正的气度。

  罗曼·罗兰说："世上只有一种真正的英雄主义，就是看透生活的本质之后依然热爱生活。"不向人间怨不平，相期浴火凤凰生。叶嘉莹先生，正是这样一位历经千种磨难依然笑傲人间的英雄。

  云山苍苍，江水泱泱。先生之风，山高水长。

（摘自《生活给我坎坷，诗歌给我力量》《叶嘉莹：诗意地活着，让生命变得有意义》，选文有删改）

【评价摘录】

　　从漂泊到归来,从传承到播种,有人说她是中国为数不多的穿裙子的"士",她替未来传承古典诗词命脉,她为世界养护中华文明根系。千年传灯,日月成诗。

　　　　　　　　　　　——影响世界华人终身成就奖颁奖词

【其人语录】

　　我的人生不幸,一生命运多舛,但从诗词里,我就能得到慰藉和力量,有了诗词便有了一切。命运把我放在哪里,我就落在哪里,就在哪里开花。

　　功名算什么,功名就跟蜗牛角上的小国之争一样。

按照示例,请你来补充一下叶嘉莹的具体品质。

具体品质	例证简述
热爱、传承古典诗词文化	叶嘉莹一生致力于中国古典诗词的传播,从海外到国内从不倦怠。
坚强,坚韧	叶嘉莹经历了少年丧母、晚年丧女、中年丧失感情和婚姻的打击,离乱颠沛却始终执着而坚强。
心系祖国,甘于奉献	叶嘉莹放弃国外生活,主动回国传播诗词文化,不要任何报酬,全身心地投入到了培养国内古典文学人才的事业中。

你积累的名句有哪些?

适用主题	摘录语句

敦煌的女儿

樊锦诗,1938年7月出生于北平,曾任敦煌研究院院长,现任敦煌研究院名誉院长,兰州大学兼职教授、敦煌学专业博士生导师。1963年从北京大学毕业后,已在敦煌研究所工作了50多年,被誉为敦煌的女儿,主要致力于石窟考古、石窟科学保护和管理,2009年被评为感动中国人物。2018年,党中央、国务院授予樊锦诗"改革先锋"称号,颁授"改革先锋"奖章,并获评文物有效保护的探索者。

1963年夏天的太阳有点毒辣,一个年轻女孩站在北京火车站。她背着大包,头戴草帽,目光坚定,全身散发着理想主义的气息。这个女孩叫樊锦诗,北大才女,那年她做了一个影响自己一生、影响敦煌文化留存的大决定。

当时站在车站的她根本没想到自己会背井离乡,去贫瘠的沙漠工作,而且一去就是50多年,把自己的一生和沙漠紧密地联系在了一起。

樊锦诗生于北京的知识分子家庭,她的父亲是工程师,毕业于清华大学土木工程专业,她成长于上海,家庭环境优越的她从未吃过苦头。当时她做那个决定,完全是出于偶然。在初中历史课本上看到莫高窟的图片,对洞窟的念想就在她心中挥之不去,佛像威严,天女飞舞,古老而神秘的艺术美妙得令人说不出话来。1962年下半年,是北大毕业前最后一次专题考古实习,樊锦诗主动选择了去敦煌莫高窟组实习。

24岁的樊锦诗第一次来到敦煌,她被敦煌的大气瑰丽深深震撼。但与这种美形成强烈反差的是生活条件的极端艰苦,这里没有电没有自来水,风沙来时遮天蔽日,蔬菜水果算是奢侈品……她住在莫高窟旁边的破庙里,晚上用蜡烛或手电筒照明,上厕所都要跑很远的路。而且整个敦煌研究所就一部电话,和外界的联系全要依赖于它。深夜里,当房梁上的老鼠掉在被子上时,当因水土不服而整天昏昏沉沉时,樊锦诗望着透过纸窗的月亮掉眼泪。

不过,即便如此,每当樊锦诗走进石窟时内心就平静了,她大声赞美:"太好了!太美了!"

洞里的世界如此美妙,可洞外呢? 一间不足20平方米的土屋,一天只能吃上两顿饭。有一次,她半夜想上厕所,刚出门就看到两只绿幽幽的大眼睛正瞪着她。她被这只"狼"吓得心脏狂跳,飞转回身,赶紧关上房门,瞪着天花板凝神屏气直到天亮,第二天天光大亮,她才敢迈出房门。哦,原来那不是狼,是头驴。这一刻,她才深深感受到敦煌前辈们的无私奉献和锲而不舍的精神多么令人钦佩! 暗地里,她觉得自己也该做点什么。

1963年,樊锦诗从北京大学考古系毕业了,因为实习时留下的良好印象,当时的敦煌文物研究所所长常书鸿点名要了她。

樊锦诗的父亲心疼女儿,写了一封厚厚的信,要女儿交给学校的领导,不知为什么,她却把信截了下来,她想在那个遥远的大漠深处,有神秘精妙不可言喻的洞窟,还在等待着人们的发掘与保护;她想在那个条件艰苦的研究所里,还有常书鸿、段文杰这些原本她以为很有作为的艺术家,为了莫高窟,活得却像个农民似的,有些事情必须要有人去做。于是她干脆地背起行囊,再次奔赴注定与她纠缠的敦煌。可以说是敦煌选择了樊锦诗,但在留守北京与远赴敦煌之间,樊锦诗选择了敦煌。

今天去莫高窟,仍能看到一尊名为《青春》的石雕:一位齐耳短发、浑身洋溢着青春气息的少女,手拿草帽,肩挎背包,整装待发,她的原型就是初到敦煌的樊锦诗。

告别恋人,告别城市,樊锦诗的人生从这里转了个弯。

毕业一年后,被分配到武汉大学的恋人彭金章来到大西北看望他心爱的姑娘,别后第一次见面,彭金章傻了眼,昔日清秀的心上人被荒漠的风沙打磨得黝黑、粗糙,哪还有那个俏皮的上海姑娘的样子? 彭金章心疼不已的同时,却看到了恋人脸上以前没有的坚定和幸福。

1967年,樊锦诗利用假期去了武汉,与彭金章结婚,然后匆匆赶回敦煌,从此夫妻俩开启了长达19年的分居生活。期间两个孩子都出生在大西北,樊锦诗工作忙,只能把孩子一个人留在宿舍,用小被子一包拿根绳子一捆就是半天。每天下班回来,只要听见孩子哇哇大哭她就放心了。要是听不见孩子的哭声,她的心就提了起来。有一次她一进家门,发现才5个月大的孩子竟然从床上掉了下来,而且掉到煤渣子里,脸上黑乎乎的。那时的她吓坏了,赶紧请了假把孩子送到丈夫老家河北农村,让丈夫的姐姐帮忙照看孩子,以至于当孩子长到5岁时,甚至都不认识她这个妈妈。

樊锦诗不停地争取,希望调到武汉大学工作,一家人能够团聚,可是一直没有结果。有意思的是,直到1986年领导终于点头了,她却犹豫了,爱上敦煌不是一刹那的事情,而是无意识间,这份爱早就牢牢扎根在洞窟里了。常书鸿、段文杰这些敦煌的守护神还在。他们从浮华巴黎从高校工作室,爬进黑黢黢的洞窟,她这位敦煌的女儿总得再做点什么!

最终结束牛郎织女生活的是爱人彭金章。1986年,武汉大学历史系考古专业的创建者,在商周考古方面已有建树的彭金章,放弃了自己前半生的心血,追随妻子到了敦煌。

他笑着对朋友说:"如果人们说她是敦煌女儿,那我就是敦煌女婿。"

在敦煌一年,彭金章发现莫高窟的北区,在学术研究上仍是一片荒漠,于是下决心开垦这片荒地。他亲自带队,拿出考古的看家本领,带着一帮人开启地毯式洞窟清理。这些千年洞窟积尘几尺厚,他们每次穿干净的衣服进去,出来都变成了泥人,尽管如此,他还是把北区都"扫描"了一遍,有编号的洞窟被他从492个增加到735个,还挖出了景教十字架、波斯银币、回鹘文木活字……其中回鹘文是世界上现存最早的木活字实物。

风沙漫天的大西北,分居近20载的家庭终于团聚,相恋在未名湖,相爱在珞珈山,相守在莫高窟。20多年来,这对敦煌夫妻感情深厚依然如初。

没有了后顾之忧的樊锦诗从此将一腔热血毫无保留地洒向敦煌。1998年,樊锦诗任院长,一种更为强烈的责任心和使命感充溢了她的整个身心:"莫高窟不能有闪失,研究院不能停步不前。"

压在肩上沉甸甸的责任让樊锦诗更加忙碌了,夫妻俩虽到了一处,但还是聚少离多。因为工作原因,樊锦诗经常外出,出去了也很少给老伴打电话,偶尔打回家里,也是因为联系不到哪个人了,让老伴当个传声筒。彭金章理解爱人,他笑着说:"没事打什么电话,公家钱不也是钱吗?"

爱上敦煌只需一眼,而这惊鸿一瞥却让这份对敦煌的爱深深扎根于黑黢黢的洞窟里。为了保存这份感动和延续这震惊世界的敦煌文化,樊锦诗总觉得还能多做一点,再多一点。莫高窟地处干旱沙漠的恶劣环境中,风蚀和沙尘危害严重,窟内壁画风化严重。她提出了莫高窟治沙工程等13项文物保护工程,独创了一套新型沙砾岩石窟崖体裂缝灌浆、风化崖面防风化加固的材料、工艺和技术,使莫高窟文物保护环境得到改善,本体病害和损毁得到遏制。

1998年,樊锦诗首次提出国际合作,先后与日本、美国、澳大利亚、英国等国家的一些文物保护和研究机构进行合作,利用先进技术监测洞窟环境,抵御沙漠侵袭。事实证明,她坚持要走的国际合作之路使敦煌研究院与世界平等对话成为现实。

樊锦诗牵头起草的《敦煌莫高窟保护条例》成为甘肃省第一部为保护一处文化遗址做出的专项立法。她编写的26卷大型丛书《敦煌石窟全集》集中展示了敦煌石窟百年研究的成果。

樊锦诗还着力改善研究院的住宿环境，更为年轻人积极争取出国进修的机会。在多年的努力下，取得的成绩也十分骄人。敦煌研究院虽地处荒漠，拥有的博士生数量却在全国文物保护界位列第一；敦煌在世界文化中受到的重视越来越多，每年都有数十万的游客从世界各地慕名而来，只为一睹敦煌的倾倒世人的容貌。

不过，随着游客数量的激增，令人忧心的情况也随之而来。一年数十万的游客量，让狭小的洞窟和脆弱的壁画不堪重负。因为温度湿度的变化、游客的呼吸都会给壁画佛像造成不可逆转的损害。不让游客看不行，看坏了更不行，思来想去，樊锦诗内心很是焦灼。

为保护石窟，樊锦诗向25位全国政协委员提出了《关于建设敦煌莫高窟游客服务中心的建议》的提案，一经提出，就被全国政协十次会议列为重点提案。这是一个前所未有的大胆思路，樊锦诗在全国旅游景点中率先实行限流，这个先例招致不知内情的游客们的一片骂声，很多人说她傻，有钱不赚。然而，外界的喧嚣、吵嚷，樊锦诗都不为所动，她思考的是，如何用更现代、更便捷、更全面的方式向游客展示敦煌。樊锦诗意识到，人类所做出的任何努力都只能延缓莫高窟的衰老，要将其永远留给子孙后代，数字敦煌势在必行。

数字敦煌的核心内容是将洞窟、壁画、彩塑及与洞窟有关的文物加工成高智能数字图像，将分散在世界各地的敦煌文物、文献、研究成果和相关资料，通过数字化处理，汇集成电子档案，这些档案既能作为资料永久保存，又可以在洞窟外为游客演示。这一概念的提出无疑是史无前例的，无疑也是永久性无损保护敦煌遗产的最佳手段。

功夫不负有心人,经过10年探索,2013年,莫高窟数字展示中心成立,《千年莫高》《梦幻佛宫》两部电影开始放映。用电影和实地参观相结合的方式,既减少参观时间,又提高了洞窟承载量,也为各地文物保护提供了良好的思路和范本。

此外,樊锦诗还为每一个洞窟、每一幅壁画、每一尊彩塑建立了数字档案,利用数字技术让莫高窟容颜永驻。2016年4月,数字敦煌网站上线,游客不去敦煌也可以参观30个经典洞窟、4430平方米壁画。

或许,莫高窟终将老去,而这数字影像却能长留人间,让敦煌传说永久流传下去,这才是守护者的终极目标。怀着一种对学术的执着,如今,樊锦诗心里只有两件事:敦煌和其他。樊锦诗默默地守护敦煌,她的事迹感动了所有了解她的人,2009年,她入选感动中国人物。

然而,樊锦诗一生不喜名誉,让她想着、念着的都是敦煌。牵动她的仍是荒漠里不停吹刮的风沙,石窟内慢慢老化的壁画。被问及一生的成就时,她只是说:"要不是敦煌,人家知道我是谁?那不是我的荣誉,那是敦煌的荣誉。"

2006年,第一卷考古报告初稿完成,樊锦诗拿到北京交给90岁高龄的宿白先生过目,先生觉得不行,她干脆就推翻重做,如此又反复修改了几次,6年后才正式出版。

2009年她被评为100位中华人民共和国成立以来感动中国人物之一,樊锦诗诧异了:"我怎么就感动中国了?"

当听说她被评为"双百"人物时,樊锦诗摇摇手说:"我哪有资格!"

樊锦诗不喜欢接受记者的采访,她说:"我的故事很简单,不要写我,多写点敦煌。"

樊锦诗的年纪大了,自己的生日都记不住了,数字敦煌的网址却能脱口而出,那是她毕生的心血。莫高窟以缓慢却不可逆转的速度消逝着,她拼着命把莫高窟记录下来,送到千千万万人们面前。

24岁,她青春正盛,却只身前往敦煌;30岁,她和风沙争分夺秒保护文物;40岁,敦煌终于通电,不用依靠手电照明;60岁,她任敦煌研究院院长;76岁,莫高窟数字展示中心竣工……她见证了敦煌的许多重要时刻,她的一生就是一部敦煌现代史。从青春年少到满头华发,她和莫高窟结下了一世情缘。她从废墟中挽救了莫高窟,为永续莫高窟的生命倾尽了全力。她也许不是合格的母亲,也许不是合格的妻子,却是敦煌永远的女儿。

(摘自《"敦煌女儿"樊锦诗》《莫高窟是我生命的一部分》,选文有删改)

【评价摘录】

她守护国宝41年,从青春少女到满头白发。她有愧于家庭,有愧于孩子,也怠慢了自己,她却用41年的守望告诉世人,她无愧于敦煌。

——2009年感动中国人物颁奖词

文学家喜欢说永远的敦煌,永远的莫高窟。而我们今天真的是看到了一位老人,为了"永远"这两个字,付出了最实在的努力,最刻苦的坚守。感谢这世界上所有的勇气,他们在改变历史,创造奇迹。

——央视主持人董卿

【其人语录】

简单相信,傻傻坚持,不要把自己太当回事,要把事当一回事。

我白天想着敦煌,晚上梦见敦煌。80岁了,还能为敦煌做事,我无怨无悔!

莫高窟是人类的无价之宝,我一定要保护好它。万一有闪失,我就是罪人。

按照示例,请你来补充一下樊锦诗的具体品质。

具体品质	例证简述
文物保护与文化传承	她用一生保护人类的无价之宝莫高窟,被人们亲切地称为"敦煌的女儿"。她编写了26卷《敦煌石窟全集》,还开创性地为敦煌壁画建立了数字影像,让莫高窟"青春永驻"。
坚守理想,甘于奉献	从北京到敦煌,从繁华都市到贫瘠的沙漠,从24岁到80多岁,她一生只做一件事,扎根在敦煌,痴迷于文物。
科学思维,创新技术	最早提出利用计算机技术实现敦煌壁画、彩塑艺术永久保存的构想,首次将莫高窟用多媒体及智能技术展现在人们面前。

137

你积累的名句有哪些?

适用主题	摘录语句

一声诺奖震寰宇,呦呦鹿鸣响天地

屠呦呦,1930年12月30日生,1951年考入北京大学医学院药学系生药专业,毕业后一直在中国中医研究院(2005年更名为中国中医科学院)工作。药学家,青蒿素研究开发中心主任,创制抗疟药青蒿素和双氢青蒿素,是我国第一位获得诺贝尔科学奖项的科学家。

2011年9月,屠呦呦获得被誉为诺贝尔奖风向标的拉斯科奖。2015年10月,因发现青蒿素治疗疟疾的新疗法,获诺贝尔生理学或医学奖。2016年2月14日,屠呦呦荣获2015年度感动中国人物。2016年4月,入选《时代周刊》公布的2016年度全球最具影响力人物。2017年1月2日,屠呦呦被授予2016年度国家最高科学技术奖,这是国家最高科学技术奖首次授予女性科学家。

2019年1月4日,英国广播公司(BBC)发起20世纪最具标志性人物票选活动。随后在14号公布的科学家名单中,屠呦呦和爱因斯坦、居里夫人、图灵一块儿成为候选人。这不仅仅是中国的骄傲,也是亚洲唯一入选的科学家,更是整个科学领域唯一在世的候选人。

而屠呦呦似乎对这一切十分淡定,有几次颁奖都没有亲临现场,采访更是拒绝不少,盛名对她的生活似乎没有什么影响。

屠呦呦一辈子过得很简单,出不出名并不重要,一生只做一件事,一生只有一个梦,生活简单到不能再简单了。

屠呦呦这个名字为世人熟知是2015年的事了,那年10月5日,诺贝尔奖委员会宣布:千百年来,寄生虫病一直困扰着人类,并且是全球重大公共卫生问题之一。寄生虫病对世界贫困人口的影响更为严重。今年的诺贝尔生理学或医药学获奖者对一些最具危害性的寄生虫疾病在疗法上做出了革命性贡献,其中屠呦呦发现了青蒿素,这种药品有效降低了疟疾患者的死亡率。

那一年,屠呦呦85岁。诺贝尔奖工作人员向屠呦呦发出邀约,接电话的是屠呦呦的老伴老李。老李说:"老太太身体不好,不知道能不能去领奖。"

那一天,屠呦呦还是去了,在老伴的陪伴下,见证了耗费一辈子心血的"孩子"终于得到世人的肯定。

屠呦呦与青蒿素结缘,那是半个多世纪以前的事了。20世纪60年代初,疟疾肆虐,全球都没有控制这种疾病的办法,很多生命就此消失,仅非洲每年因疟疾死亡的人数就有100多万,许多国家因疟疾死亡人数已达战争死亡人数的5倍。1967年,国家当机立断,集中全国的科技力量,联合研究对抗疟疾的新药。屠呦呦所在的单位响应号召,对抗疟疾的523个项目启动,屠呦呦成为抗疟中草药研究组的组长。

那一年,屠呦呦39岁。她一心扑在疟疾药物的研究上,以至于根本无暇顾及家庭。尽管这样,研究进展并不顺利。屠呦呦带着一批研究员调查了2000多种中草药制剂,经过一一实验排查,他们选择了其中640种有可能治疗疟疾的药方,最后从200种草药中得到了380种提取物,用在小白鼠身上做抗疟疾检测。这段研究时间长达4年,但最终没有一丝进展。

药物研究出现这种情况是太正常不过了,枯燥、寂寞、忙碌、心力交瘁,但结果常常令人绝望。当时身边的人都劝她放弃,毕竟美国这样的发达国家都束手无策。但屠呦呦没有死心,似乎一种力量一直在支撑着她,若不钻研出点什么来她就誓不罢休。屠呦呦翻遍了各类医学书籍后,她把目光转向了厚厚的古代医学典籍。

"在浩如烟海的医学典籍中,东晋葛洪的处方给了我灵感。1971年10月4日,我第一次成功地用沸点较低的乙醚制取青蒿素提取物,并在实验室中观察到这种提取物对疟原虫的抑制率达到了100%。这个解决问题的转折点,是在经历了第190次失败之后才出现的。"屠呦呦在《青蒿素的发现——中药的馈赠》中写道。

历经千辛万苦发现的有效药,却根本无法判断是不是能适用于人类,研究一度陷入停滞。虽然明知有生命危险,但是屠呦呦还是决定以身试药。他们住进北京东直门医院,在还不确定疗效的情况下,自己试药。所幸青蒿素并没有显示出对人的副作用。

就是在这种忘我的研究中,屠呦呦发现了青蒿素适合治疗疟疾。一次次改良、实验、再改良,无限循环更新,终于在1986年,青蒿素获得了卫生部新药证书。1999年,世界卫生组织把青蒿素列入基本药物名录,随即造价低廉的青蒿素被推广到世界各地,2001年被世界卫生组织大力推广,成为治疗疟疾的首选药,拯救了无数的疟疾患者。

在屠呦呦发现和成功提取青蒿素之前,全世界约一半人口处于罹患疟疾的风险之中,而屠呦呦的发现,直接让这个数字下降了50%。她的青蒿素拯救了数以百万计的疟疾患者,她也得到了世界各国人民的认可和尊敬!

屠呦呦把大部分精力都奉献给工作,生活马马虎虎,她一直都不太会照顾自己。有一回,她找不到身份证,让同事帮忙找找,同事打开她的箱子顿时惊呆了。

工作上那么严谨的屠大组长,生活物品摆放得乱七八糟,甚至有人笑着说:"能收拾得这么不妥当,完全不像女生。"

屠呦呦自己也说,要让生活琐事变得井井有条,对于她,真的是太头疼了。即使是结婚成家了,她还是那个屠大哈,她的先生很理解这一点,承包了买菜、做饭等家务,这才解放了屠呦呦,可以让她全身心投入到科研之中。

青蒿素的研究,几乎耗尽了屠呦呦所有的精力,在自己身上做实验,以身试毒,一度出现了肝中毒,后来身体一直不太好,但她也不介意,仍然全力以赴地工作。

屠呦呦做青蒿素这个项目时两个女儿都很小,大的4岁,小的1岁,但为了研究,她将大女儿寄养在托儿所全托班,小女儿送到宁波父母家。等到研究告一段落,屠呦呦才跑去看望小女儿。

那时小女儿已经3岁多了,有记忆以来第一次见到妈妈。屠呦呦温柔地唤着女儿的乳名,小女儿却紧张地望着她,下意识地后退了几步,后来,知道爸爸妈妈要把她接回北京,她哭着闹着就是不肯跟着走。屠呦呦太后悔了,在女儿的成长阶段里,自己没有尽到母亲的责任。

哪个当妈妈的,不想日日夜夜跟孩子待在一起呢?但她实在没有办法。

减掉生活琐屑,才有全身心投入科研的屠呦呦。

减掉母女私情,才有不怕苦不怕累的屠组长。

粗糙了自己,才有精力去细致每一个实验、把关每一味中药。

屠呦呦这几年来成了全国无人不知的大名人,但她从20多岁就献身中药研究,30多岁就开始青蒿素研究,这中间历时50年。

有人调侃屠呦呦是个三无科学家,一无博士学位,二无留洋背景,三无院士头衔。

对此,屠呦呦也不十分介意,她眼里只有科研。屠呦呦接受采访时杨澜曾问:"您的科研成果70年代就完成了,为什么40年后才得奖?"

屠呦呦说:"因为诺贝尔奖一直等着我。"

杨澜又问:"您获得了诺贝尔奖,现在可以直接晋级院士了吗?"

屠呦呦摆摆手:"不,我现在当上院士,有人会说我是被外国人推举上去的。"

在名利面前,屠呦呦没那么着急。曾经有人说过:"成功这事儿,你不该去追求它,你得老老实实去追求过程,等你把过程做好了,成功和名利自然而然会扑过来。"屠呦呦显然就是这句话的践行者。

荣获诺贝尔奖后屠呦呦就被国际生物医学界盯上了,2011年,屠呦呦获得拉斯克奖,这是美国最具声望的生物医学奖项。这也算是人生殊荣,但屠呦呦淡泊惯了,盛名来了,她依旧淡泊。

2015年,诺贝尔奖公布后屠呦呦去领奖,媒体记者和一些领导为她送行,结果左等右等,却始终不见屠老的身影。后来才得知,屠呦呦早已悄悄办完登机手续,从普通通道登机了。2017年,屠呦呦荣获2016年度国家最高科技奖,当闪光灯都准备好的时候,等到的只有满脸抱歉的负责人,他说:"屠呦呦先生因身体欠佳不能到场,由她的几位同事接受大家采访。"

屠呦呦以前就读的宁波效实中学举行百年校庆时,碰巧是她获得拉斯克奖的那一年。她委托北京校友会的校友向母校赠书《青蒿及青蒿素类药物》,并亲笔写上赠母校惠存字样,盖上她的印章。

这是她一辈子的研究成果,最能作为感恩礼物回馈母校。至于为什么不出席,她不希望母校校庆的聚光灯照在自己身上,而她又一头扎进了实验室里。

获得诺贝尔奖后,屠呦呦还是保持着一贯的低调。她住在北京四环一个普通的小区,当时诺贝尔奖出来后,邻居们都在议论:"咱们这栋楼出了个诺贝尔奖获得者!"但是没人知道她就是得主。因为她叮嘱亲戚朋友还有同事一定要保持低调,自己平时也跟普通老太太一样,谈论最多的就是女儿、孙女。但"桃李不言,下自成蹊",能在生活圈子隐藏实力,却没法挡得住媒体记者的蜂拥而至。

"研究过程也没那么夸张,不过我获奖了,能够作为新的激励方式,鼓励更多的年轻人努力工作,我会很满足。"屠呦呦笑着说,"科研成果能否获得世界公认,不是靠期待和愿景,而是需要创新和发现。说实在的,我也没有老是想着得不得奖的问题。荣誉多了,你的责任也大了。"

直至今天,屠呦呦依然很低调,关于青蒿素,她原本可以孵化出无数的感人故事,但是很遗憾,她没有。

她出名之后,署名屠呦呦的文章流传甚广,帮她的人生增光增辉,让人们对她记忆得更深刻,但很遗憾,她公开说那不是她写的。

屠呦呦说:"青蒿素是传统中医药送给世界人民的礼物,对防治疟疾等传染性疾病、维护世界人民健康具有重要意义。青蒿素的发现是集体发掘中药的成功范例,由此获奖是中国科学事业、中医中药走向世界的一个荣誉。"

关于科研,屠呦呦说:"一个科研的成功不会很轻易地,要做艰苦的努力,要坚持不懈、反复实践,关键是要有信心、有决心来把这个任务完成。科学研究不是为了争名争利,科技工作者要去掉浮躁,脚踏实地!"

一个平凡单纯到眼里只有手中工作的人,打破了在自然科学领域,中国本土科学家获诺贝尔奖零的记录。一个执着单纯到眼里只有一件事的人,又开始着手进行青蒿素的耐药研究,她让疟疾耐药的患者有了希望后,又利用青蒿素治疗困扰很多人一辈子的红斑狼疮。一个安静单纯到眼里只有简单生活的人,家庭幸福美满。单纯的力量,减法的力量,专注的力量,也是屠呦呦的力量。

(摘自《做减法的人生,到底有多赚》《她是真正的中国药神》,选文有删改)

【评价摘录】

很少有人像她一样,敢于冒着生命危险,去直面不可预知的危险,仅仅因为治愈别人的一丝希望。

——英国广播公司

青蒿一握,水二升,浸渍了千多年,直到你出现。为了一个使命,执着于千百次实验。萃取出古老文化的精华,深深植入当代世界,帮人类渡过一劫。呦呦鹿鸣,食野之蒿。今有嘉宾,德音孔昭。

——2015年感动中国人物颁奖词

【其人语录】

人的一生要疯狂一次,无论是为一个人,一段情,一段旅途,或一个梦想。

科学研究不是为了争名争利。

我喜欢宁静,像蒿叶一样宁静;我追求淡泊,像蒿花一样的淡泊;我向往正直,像蒿茎一样的正直。

梦想很轻,却因此拥有飞向蓝天的力量。

按照示例，请你来补充一下屠呦呦的具体品质。

具体品质	例证简述
执着梦想， 专注前行	屠呦呦坚持50年，从2000多种中草药中反复实践、排查，终于发现并提取了青蒿素。
传承与创新	屠呦呦从古代典籍中找到了治疗疟疾的突破口，从1700年前东晋葛洪的药方中获取灵感，历经190次失败，终于找到沸点低的青蒿素提取物乙醚。
勇于牺牲， 全力以赴	屠呦呦以身试药，不顾个人安危，将全部精力投入到国家交给的任务——青蒿素的研究中去，对自己的生活、家庭和女儿关心甚少。

你积累的名句有哪些?

适用主题	摘录语句

人生为一大事来，做一大事去

顾方舟（1926—2019），著名医学科学家、病毒学专家，曾任中国医学科学院北京协和医学院院长。1950年毕业于北京大学医学院医学系，1955年于苏联医学科学院病毒学研究所研究生毕业，获医学副博士学位。20世纪60年代初，他研制成功液体和糖丸两种活疫苗，使数十万儿童免于致残。2000年10月，经世界卫生组织西太区消灭"脊灰"证实委员会证实，中国"脊灰"野病毒的传播已被阻断，成为无脊灰国家。

2019年1月2日，研制疫苗消灭小儿麻痹症的著名科学家顾方舟先生去世，享年92岁。对于顾方舟的名字，今天的一些年轻人可能没有听说过，但说起小时候吃过的预防小儿麻痹症的糖丸，相信许多人还会有一些记忆，顾方舟正是小糖丸的发明人"糖丸爷爷"。可以说，今天40岁以下的年轻人，几乎无一例外，都曾受惠于他。他研制的疫苗，阻止了无数个家庭的悲剧，让14亿中国人免于小儿麻痹症的困扰。

那段日子，是一个梦魇。

1955年，江苏南通发现了奇怪的疫情，整个城市有1680人不幸感染。这些感染者大部分是儿童，其中有446人因此死亡，他们共同的症状是瘫痪。

疫情像吃人的怪兽，从南通肆虐到其他城市，青岛、上海、南宁、济宁等城市纷纷告急。一时间，恐慌情绪在蔓延，人人谈之色变，许多家庭终日闭门谢客。这种让无数家庭陷入不幸的可怕疾病，学名叫脊髓灰质炎，俗称小儿麻痹症。这种可怕的病毒会通过消化道传染，会破坏脊髓神经，进而导致四肢不同程度的瘫痪，严重者，呼吸肌开始萎缩，最终可能因为呼吸困难而死亡。

一位母亲，因为孩子感染了这种怪病，四处寻医问药。在他人的指点下，她来到北京的中国医学科学院病毒研究所。她听人家说，这里有一个叫顾方舟的医生，是专门研究这种疾病的专家。

1956年1月，顾方舟刚刚从国外留学归来，参与制订1956年至1967

年科学技术发展远景规划,并担任中国医学科学院脊灰研究室主任的职务。

"顾大夫,请你救救我的孩子吧,他以后还要参加国家建设呢。"这一天,顾方舟刚刚从实验室出来,就遇到了这位母亲。她紧紧抓住顾方舟的胳膊,眼神里全是期待和哀求。她背上的孩子,眼睛晶亮灵动,一看就是个聪明的孩子。但面对可怜无助的母子,顾方舟不得不无奈地道出真相:"这种病全世界至今还没有治愈办法,或许可以找个整形科大夫,恢复孩子的部分功能。"

听完这最后的宣判,原本眼神坚毅的母亲一下子瘫坐在椅子上,眼睛呆呆地盯着地板,她无法接受孩子要在瘫痪中度过一生的现实。这一幕也深深刺痛了一旁的顾方舟。医者仁心,医德不仅是一种愿望,更是一种行动。面对这位绝望的母亲,他爱莫能助,但他暗暗下定决心:一定要竭尽所学,尽快发明疫苗,别再让其他的孩子被这头怪兽吞噬。

1926年,顾方舟出生在浙江宁波的一个小康之家。他的父亲顾国光在宁波海关任职,收入也足够养活一家人。意外发生在1930年,顾国光在出外值勤时,被一种叫白蛉的吸血昆虫叮咬,不幸感染上了黑热病,几个月后就溘然长逝了。家中的顶梁柱轰然倒塌了,从此一家人断了生活来源。顾方舟一共四个兄弟,此时都没有成年,加上一个年幼的叔叔,所有生活的压力全部落在了母亲周瑶琴的身上。

周瑶琴是小学教师,微薄的工资不足以支撑一个大家庭的开支。有人给尚年轻的周瑶琴出主意:"你一个人,怎么养活四个小孩,早点改嫁吧。"

周瑶琴不为所动,她明白,只要她一离开,这个家立刻就会垮掉。在丈夫去世的两年后,已经34岁的周瑶琴,不仅没有改嫁,反而做出了一个重大的决定:重新回到校园,学一门更赚钱的技术。周瑶琴选择了杭州私立广济助产职业学校,准备学习助产术,将来开助产医院。要知道,当时的社会氛围里,别说这么大年纪回炉重炼,就是一般到社会上工作的女性都极少。换在今天,这也是一个堪称冒险的人生抉择。

年幼的顾方舟和兄弟几个被送到姥姥家,直到两年后母亲毕业,母子才又得以团圆。后来周瑶琴又做出更加大胆的决定:带着一家老小,前往当时中国工商业最发达的城市天津谋生。在这里她挂牌营业做起了助产医生。靠着这份工作,周瑶琴保护了顾家周全,也让顾方舟兄弟几个接受了较好的教育。父亲早逝,家道中落,又是山河破碎风雨飘摇的时代,顾方舟感受了太多的人间冷暖。母亲多次教导他要争气,尤其是母亲对教育的重视,极大地激励了年幼的顾方舟。他认识到:知识可以改变命运。

1944年,顾方舟以优异的成绩考取了北京大学医学院医学系。

像蝴蝶飞过花丛,像清泉流经山谷,在记忆的空间里,大学生活就像五彩斑斓的画卷,又如欢快跳跃的音符。但对顾方舟那一代人而言却并不完全是这样的。当时的北平已经沦陷,北京大学被日本人操控。就算在医学这种学科里,也必须学习日文。顾方舟对此深恶痛绝,尤其讨厌生理课上日本教授显示出的民族优越感。当然,也有他乐意上的课,比如公共卫生课,那是知名的公共卫生专家严镜清先生开设的。先生常常用沉重的语气列举祖国公共卫生的现状,当时的中国人,对公共卫生并不重视。无论城市乡村,到处都是随意倾倒的垃圾,大量的厕所沿街沿河而建,河水被污染。当时的婴儿死亡率高达17%~20%,农村人均寿命只有33岁,每年因为卫生常识缺乏而死亡的人数有近600万人,小小的破伤风就可以夺走无数人的生命,产妇不懂卫生保健死亡率居高不下。

每每说起我们这个灾难深重的民族,先生总是红着眼圈,学生们也跟着潸然泪下。这门课程几乎动摇了顾方舟做一名医生的决心。他逐渐领悟到，单纯靠拯救一个个的病人还远远不够，必须通过改善公共卫生状况，让更多人不再陷入疾病的痛苦之中。这个转变，最终因为一个同学促成。有一次，班级里一个女生，跟随老师去河北考察矿工的劳动卫生状况。回到学校后，这位女生几乎被所见所闻击垮了，她情绪低落，整日一言不发。在同学的再三要求下，她放声大哭，一边哭泣一边讲述见到的惨状：矿井之中，暗无天日，矿工穿着麻袋和露脚趾的鞋子，被包工头打得头破血流；他们夜里枕着砖头入睡，病死了就被丢进万人坑，吃着阳间饭食，干着阴间活计。

叙述的女生泣不成声，周围聆听的同学泪如雨下。顾方舟在那一刻下定决心，不做医生，要做个拯救更多人的公共卫生专家。毕业时，大多数同学都选择了前途光明的医生职业，顾方舟却放弃了待遇优厚、受人尊重的外科医生这个职业，选择了刚刚起步，基础差、前途渺茫的公共卫生事业。当时连他的老师严镜清先生也有些意外。但顾方舟态度非常坚决：当医生一年才能救多少病人？我们国家这么艰难，正缺少公共卫生行业人员，我做这个，一年能拯救成千上万的人呢！

但是要做一名拯救千万人的公共卫生专家又谈何容易？当时我们国家，各个行业都才刚刚起步。顾方舟大学毕业后被派到了大连，从事痢疾的研究工作。

朝鲜战争爆发后，顾方舟被派往战场，治疗患了痢疾的战士。1951年，顾方舟被召回大连，作为中华人民共和国第一批留学苏联的学生，被派往苏联医学科学院病毒研究所学习。4年后，他以优异的成绩取得苏联医学科学院副博士学位，结束了在苏联的学习回到了祖国。

同年，江苏南通爆发了大规模的脊髓灰质炎，也就是俗称的小儿麻痹症，疫情导致1000多名孩子突然瘫痪甚至死亡，而且疫情在国内迅速蔓延开来，一时间人心惶惶。

那时候，脊髓灰质炎疫情在全世界都非常严峻，横扫欧美和澳洲，让人闻风丧胆。回国后的顾方舟被国家指定专门研究这种可怕的疾病。可当时国内除了少数几个专家外，大多数人对这种疾病几乎一无所知。医生的诊断，也只能依赖患者的临床表现，比如发热、瘫痪等，误诊率非常高。一些急性骨髓炎、格林巴利综合征等疾病，很容易被误诊为小儿麻痹症。更要命的是，就算患者被准确诊断感染了脊灰病毒，也无法确定是感染了哪种类型。

脊灰病毒一共有三种类型，只有通过病原学、血清学方面的研究，才能确定国内流行的到底是哪一种类型。

顾方舟和团队人员首先要完成这些基础的调研工作。为此，他们调查了国内12个疫情较为严重的地区，搜集了大量的患者粪便标本，一一比对化验，最终建立了脊灰病毒的分离和定型方法。这是顾方舟攻克脊灰病毒的第一战，但也仅仅是第一战，未来还有更加艰难的科研工作：研制和生产疫苗。

时不我待。当时脊灰病毒扩散速度很快，早一天研制出疫苗，就能多挽救一些患者。面对日益严重的疫情，顾方舟心急如焚，他在一份给上级的报告中写道：如果脊髓灰质炎发病率不高，预防工作可以慢些开展，但如今骨髓灰质炎的发病率这么高，可以肯定的是，有朝一日会在某地来一个大爆发。可是再着急也无济于事，当时世界上能够预防脊髓灰质炎的疫苗生产工艺，都掌握在苏联和美国两个国家手中。

为此，国家再次把顾方舟派到国外学习。预防脊髓灰质炎的疫苗分为两种：减毒活疫苗和死疫苗。两者各有优劣，活疫苗的药性强，效果显著，但风险比较高，弄不好容易伤到人类自己。死疫苗相对温和，倒不至于伤到自己，但能否达到预期效果就难说了。在去国外学习之前，顾方舟对于疫苗工艺其实已经有所了解。死疫苗,无论从生产的难度,还是所需的成本上来说都不太划算。

这种疫苗生产,所需要的高纯度蒸馏水、119培养基和十几种氨基酸,国内都没有条件保障,一旦大规模生产,只能依赖进口,如此一来成本会非常高。这对于当时几乎一穷二白的中国来说,根本就不现实。最关键的是,这种疫苗也只能阻断病毒对单个患者的伤害,却无法阻止病毒的传播。所以顾方舟决定,将主要精力放在活疫苗的生产工艺上。幸运的是,得益于留学时的恩师丘马可夫教授相助,顾方舟获赠3000份美国科学家塞宾研制的活疫苗。这让顾方舟兴奋到了极点,也更坚定他进一步研究这种疫苗。他就向上级打报告,要求提前回国。

带着大量的研究材料回国后,顾方舟来不及休整就立即投入工作中。要确定一种疫苗是否有效和安全,并不是那么容易的一件事,需要经过大量动物和临床试验才行。动物试验好解决,关键是如何做临床试验。临床试验一般分为三期,从少数人受试,逐渐扩大到更多的人群。当时掌握活疫苗技术的美国人塞宾,就是停在了这一步,找不到人来进行真正的临床试验,所以安全性一直饱受争议。

顾方舟和同事解决这个难题的方式很简单,他们冒着可能瘫痪的风险,在自己身上先试用疫苗。这天顾方舟一口喝下了一瓶有点微苦的疫苗溶液,像个大无畏的战士。他对自己研制的疫苗有把握,所以一周的观察期,没有太多可担忧的,反倒像意外得到一次休假。果然一周之后,他和同事各项体质指标完全正常。不过接下来的实验,更为艰难,因为疫苗主要是给幼儿使用的。

成年人的免疫能力比较强,可以抵抗疫苗的毒性,并不代表幼儿可以。所以接下来更大的难题是,需要找到愿意接受实验的幼儿。

哪个做父母的愿意让自己的孩子以身犯险呢?这样的难题,想想都觉得头皮发冷。此时的顾方舟，再次展现出一个科学家的勇气和无私。他瞒着妻子，让自己刚刚满月的儿子成为中国历史上第一个接受病毒实验的孩子。这一次，他再也无法像自己服用疫苗时那么从容了。在儿子接受实验之后，他每个夜晚都陪在他身边，直到孩子呼吸均匀地进入梦乡，他才敢洗漱就寝。

在顾方舟的感召下，同事们也纷纷让自己的小孩进入实验的行列。以至于每天早晨，同事见面的第一句话都是问："你家孩子现在怎么样了？"

漫长的实验期终于结束，所有同事都各自汇报了结果：孩子安然无恙。得到这个结论之后，他们喜极而泣，相拥庆祝。此后，疫苗临床实验顺利扩展到更多的人群，其有效性和安全性被反复验证，接下来就是大规模的生产。

疫苗的研究从零开始，生产同样也是从零开始。早在1958年，顾方舟远赴西南，在云南昆明郊外创建了新中国医学科学院医学生物学研究所。

这是一个无人问津的小山沟，顾方舟与同事漫山遍野捕捉猴子用来做试验。那时正赶上三年困难时期，人即便吃不饱也要喂饱猴子，首先保证猴子的营养。

最难得的是顾方舟举家南迁，作为学科带头人，不但他自己去了，夫人去了，孩子也带去了，他的这个举动无形起到了榜样的作用。

1963年1月17日，《人民日报》正式刊发消息：小儿麻痹症有预防方法了。尽管取得了这样的成绩，但顾方舟没有停下科研的脚步。疫苗需要冷藏保存，否则会失去活性，但当时只有大城市的防疫站才有冷藏条件，一般的中小城市没有，农村和偏远地区更不具备冷藏条件。而且疫苗是液体，运输不易，使用前还得稀释，也不是很方便。一些家长把疫苗滴在馒头里让孩子吃,但一不小心就容易浪费。

受到儿子爱吃甜食的启发,顾方舟经过一年多的测试,推出了便于运输和服用的糖丸。白色的糖丸一经推出就大受孩子们的欢迎,疫苗得到更广泛的使用。如今的70后、80后、90后、00后,基本都吃过这样的小糖丸。1965年,疫苗在我国农村逐步推广开来。

预防的效果也是显著的,全国小儿麻痹症的发病率逐年下降,无数孩子幸免于难。1983年,全国小儿麻痹症的发病率为0.3/10万。1988年,全国报告667例。1994年,仅湖北襄阳报告了一例。此后,再无发现脊髓灰质炎病例。2000年,时年74岁的顾方舟作为代表,在中国消灭脊髓灰质炎证实报告签字仪式上,签下了自己的名字。

从此,小儿麻痹症这种可怕的疾病,彻底远离了刚出生的孩子。曾经脊灰病毒像一颗潜伏的地雷,威胁着每一对新婚夫妇。80年代,班里还有患小儿麻痹症的同学,有些得病的孩子,因此无法参与一些体育课程,甚至产生严重的自卑心理。那种痛苦,旁人无法体会,但给患者和家庭带来的伤害却要持续一生。幸运的是,2018年刚刚成年的00后,已经不会再有小儿麻痹症的同学了。从正当盛年31岁研究疫苗到年逾古稀还在执着探索,顾方舟为脊髓灰质炎的防治奉献一生,成为护佑国人健康的生命方舟。

(摘自《顾方舟传》《一生一事》《做护佑健康的"一叶方舟"》,选文有删改)

【评价摘录】

　　从顾先生身上看到,凡事贵在精专,贵在坚持不懈。真正的人生应当是做减法,甚至是除法。

　　　　　　　　——中国医学科学院北京协和医学院院长王辰院士

【其人语录】

　　我一生只做了一件事,就是做了一颗小小的糖丸。

　　为了千百万儿童健康的事,你们要用心去做,用一辈子的精力去做。

按照示例，请你来补充一下顾方舟的具体品质。

具体品质	例证简述
担当，责任	顾方舟看到国家缺少能够拯救更多人的公共卫生行业人员，毅然放弃令人羡慕的外科医生的职业，投身到当时国家刚刚起步的公共卫生事业中去。
仁者情怀	顾方舟看到无助的病人，激发了他尽快研究出疫苗，解除病人痛苦的决心。
敢于牺牲与奉献	为确定一种疫苗是否有效和安全，顾方舟冒着全身瘫痪的危险，让自己和孩子率先参与到疫苗的试用中。

你积累的名句有哪些?

适用主题	摘录语句

当代的神农

袁隆平，1930年9月生于北京，国家杂交水稻工程技术研究中心、湖南杂交水稻研究中心原主任，中国工程院院士，为我国粮食安全、农业科学发展和世界粮食供给做出杰出贡献，荣获国家最高科学技术奖、国家科学技术进步奖特等奖和改革先锋等称号。1999年，中国科学院北京天文台将发现的一颗小行星命名为袁隆平星。2019年9月，国家主席习近平签署主席令，授予袁隆平共和国勋章。

2019年12月，在三亚举办的第四届国际海水稻论坛上，袁隆平院士及其团队所创造的四个水稻产量奇迹引爆全球：盐碱地，最高亩产800公斤；昔日荒芜的山东东营，平均产量超过600公斤；浙江台州遇到台风，产量还达670公斤；海水稻，产量300公斤，可以养活1亿人！（"海水稻"并不是直接用海水浇灌生长的水稻，而是种植在海边滩涂上的水稻，相比于普通水稻，这种水稻更耐盐碱。）

每一个数字都是一个奇迹，每一个奇迹都让袁隆平院士和他的科研团队充满了骄傲。的确，袁隆平院士和他的科研团队的骄傲是有原因的，全球研究海水稻的国家很多，但是产量都不高，唯独中国连续三年海水稻产量一直遥遥领先全世界，这是中国的骄傲！在迪拜的热带沙漠出现了人造绿洲，而且还长出了亩产500公斤的中国水稻，这是全球首次在热带沙漠实验种植水稻取得成功，为沙漠地区提升粮食自给能力，保障全球粮食安全和改善沙漠地区生态环境再添中国贡献；向世界第二大流动沙漠塔克拉玛干沙漠要耕地，昔日的300亩戈壁荒滩变良田，为人类争得了更多的生存与文明的空间，这是人类的一个奇迹。袁隆平院士就是奇迹的创造者，他才是真正的奇迹。

袁隆平，1930年出生于北京一个知识分子家庭，父亲从东南大学毕业，母亲毕业于英国教会学校，在那个年代就能够讲一口流利的英语。袁隆平与水稻的缘分，也是源自于一个美丽的误会。

也许正应了易中天那句话："男孩子小时候不调皮长大了就没出

息。"幼时的袁隆平很贪玩,读书全凭兴趣,喜欢的就认真,不喜欢的就敷衍,他经常跑到嘉陵江里去游泳,是出了名的自由散漫。有一次小学郊游,袁隆平跟随老师参观一个园艺场,红红的桃子挂满枝头,一串串亮晶晶的葡萄爬满藤架,五颜六色的鲜花铺满了小路,那时候袁隆平觉得田园太美了,加上他数学不好,怎么也想不明白为什么负负得正,也想不明白sin、cos、tan到底是什么关系,而农学涉及的数学很少,所以他心底就种下了一个学农的梦想。实现梦想总有一段荆棘丛生的黑暗路,袁隆平后来才明白,真正的种地是多么艰辛,田园之美不过是想象中的童话世界。

1953年8月,袁隆平作为中华人民共和国培养的第一批大学生,从西南农学院毕业后被分配到一个偏远的农校,在那里一干就是16年。

袁隆平课上得好,一些学生回忆:"袁老师不讲究,黑板写满了,把手一缩,抓起袖子就擦起来。"

袁隆平到安江农校报到那年,广袤的中国大地上,农村正在发生翻天覆地的变化。1953年初,全国性的土地改革刚刚完成,农民获得土地,真正实现了耕者有其田,但是饥饿还没有远离。和经历过那个年代的人一样,袁隆平至今对饥饿记忆犹新,这让他认识到粮食的重要性。

1961年7月的一天,和往常一样,袁隆平行走在稻田里。这时一株颗粒饱满而且稻穗硕大的稻株引起了他的注意,他突然有了想法,如果能用这株育种,是不是可以增产很多。然而等他次年春天把种子播下,却没有结出穗大饱满的稻子,不过袁隆平却从这块试验田里生出人工杂交水稻的最初想法。想要培养人工杂交水稻,首先要找到天然的雄性不良水稻,然而这种水稻理论上找到的概率是五万分之一,这无异于大海捞针。

那一年,在40℃的高温天气里,袁隆平和新婚妻子开始了漫长的寻找稻苗之路。他们头顶骄阳脚踩泥水,蚊虫叮咬和稻叶的割伤让他们的皮肤反复感染,即便这样也没有让他们放弃。功夫不负有心人,他们用5倍放大镜观察了14000多株水稻之后,终于在1964年和1965年找到了六个雄性不育株。

此时,他只是一名普通的中等农校的教师,他的研究一开始并不被看好,因为国际权威科学家普遍认为,水稻等自花授粉作物没有杂交优势。袁隆平没有被吓倒,反而迎难而上,他整天埋在图书馆研究外文资料,只为了弄清楚杂交水稻的原理。

特殊时期,袁隆平曾因为所谓的"自由散漫",差点被抓进了牛棚,杂交水稻的研究也险些被扼杀在摇篮里。有一年,袁隆平精心培植的试验田被人为摧毁,如果不是在一口水井中找到了5株幸存的秧苗,他这么多年的心血将毁于一旦。

1972年,不断配种的杂交水稻却只长苗不长稻,有人冷嘲热讽:"可惜了,我们人类不吃草,不然你袁隆平的研究成果还是很有价值的!"袁隆平不管他人的质疑和嘲讽,一心只在自己的水稻配种上,一个人对抗着所有的压力和阻力。

天下无易事,有恒者得之。1973年新的种子杂交优势果然都转到了稻谷上,每亩地的产量都增加了。1974年,袁隆平又发现了新的方法,将水稻的产量提升到原来的8倍左右。1976年全国开始大面积试种杂交水稻,平均增产20%以上,为我国水稻增产做出了贡献。之后的南优2号、超级稻每亩地的产量都提高了很多。袁隆平的杂交水稻惠及全球40多个国家,他也因此获得了我国第一个特等发明奖,被人们称为"杂交水稻之父",但袁隆平常说自己就是个种了一辈子水稻的老农民。

看着白花花的大米,很多人流着泪说:"我们以后再也不怕饿肚子了!"

"一个人如同一粒尘土,无论怎样飞扬,怎样喧嚣,到末了,还是要落到自家的土地上。"袁隆平这样说。

一个记者曾问袁隆平:"以前研究水稻的日子苦不苦？"

袁隆平满脸自豪地说:"苦，可是我毕生的追求就是让所有人都远离饥饿,苦也值得。"

粮食能够拯救一个国家，也能绊倒一个国家。曾经看过一个采访,记者问袁隆平:"你是不是特别担心当年那种饿死人的场景再次出现？"

袁隆平沉思了一会儿，坚定地摇摇头:"不可能了。"

民族之痛,是这世界上的最痛。正是这些愿意忧国忧民的仁义侠者,才敢于让那些不可能的科学研究变成了可能。

2018年,88岁的袁隆平又一次成为关注的焦点。加拿大《环球邮报》报道,耄耋之年的袁隆平又研发了一个"科学奇迹"——培育一种能够在咸水中高产的水稻。加拿大媒体称,这项创新让袁隆平再次成为中国独一无二的科学家。

袁隆平一生80%的时间都是在农田度过的，从意识到天然雄性不育稻的那天起,他就过上了犹如大海捞针般的试验生活。

早年间,就连最懂他的妻子,都忍不住问他:"你难道就不感到厌烦吗？"

他回答妻子:"只要研究下去，我就可能成为第一个告诉世界这个秘密的人,让无数中国人免于饥饿！"

袁隆平依旧面朝黄土背朝天,顶着骄阳似火，披着寒露星光,身边的人都忍不住劝他。他说:"如果不从事水稻研究,那我的生活还有什么意义？只有下田最让我快乐！"

现在的他仍然坚持每天早上5点起床,60年如一日,起来后就一头扎在田间地头工作,不工作到披星戴月绝不回家。多年来,他的工作强度并没有因为年纪增长而减少,反而不断增加,连跟着他学习的年轻人都叫苦不迭,他却乐此不疲。

袁隆平的坚持,不过是为了此生的两个梦想:一是杂交水稻覆盖全球梦,他要将自己的杂交水稻技术在全世界共享,让更多的人不再饿肚子。二是禾下乘凉梦,他曾经梦到过水稻比高粱还高,水稻秸秆比扫帚还要长,稻谷比花生还大,这是袁爷爷眼中最美的风景。面对梦想,他始终是身体力行。别人问他这么大年纪为什么非要亲自下田,指挥一下就可以了,袁隆平院士却说:"电脑里种不出水稻。"

袁隆平尽管身体大不如从前,却依然管不住他那双迈向稻田的腿,收不住他那颗向着水稻的心。他的家人、朋友、同事都心疼他,在私底下劝他退休。可老头子脾气倔得很,坚定地说:"我要实现杂交水稻大面积示范亩产1200公斤,向党的100岁生日献礼,这是我的一个愿望。"

就是这样一个踏实肯干的老人,尝过世间所有心酸,品过人生全部苦楚,却从没有为自己争取过什么。国家要给他官职,他拒绝了,说人心浮躁了,就难以看清楚事情的本来面目。国家给他的奖金,他不是捐给慈善机构,就是分给同事。他身上的衬衫不过几十元钱一件,他最喜欢穿格子衬衫,偏爱鲜艳的颜色,还非得是他自己去农贸市场挑选的。如果你领他去商场买衣服,一向和蔼可亲的他立马就会不高兴,可只要逛农贸市场,他当下就会阴转晴。袁隆平会对比各地农贸市场的物价,海南农贸市场一件衬衣只卖30多块钱,深得他喜爱,一买就是一打。不仅给自己买衣服,他还喜欢给身边的人买衣服。他88岁生日那天,来庆生的人不约而同穿上了他买的衣服,有夹克,有衬衫,也有旗袍。

即便如此,还是有人质疑:"袁隆平是否被过誉了?"

有人的回答是这样的:"不是袁隆平被过誉了,而是像袁隆平院士这样的人,还有和他们一样的科研工作者们,受到的关注实在太少太少了。"

袁隆平院士有千亿元的身价，却把技术无偿贡献给全人类，自己过着简朴的生活。他住在海南三亚荔枝沟镇的一幢筒子楼里，住所只有四五十平方米，院子外面就是海南繁育种基地试验田，而湖南的家四周也都是稻田。

"我每天都要下田去，我培养研究生，第一个要求就是要下田。"袁隆平院士说。

国家为了奖励勤勤恳恳一辈子的科研人员，为他们特别准备了豪宅。袁隆平接手之后，豪宅被改造成了科研室。在他心里，豪华的是科研成果，而不是房间装饰。袁隆平就在这栋豪宅里，带着他的科研团队，成功孕育出了海水种植耐盐碱水稻。只靠这一项成果，我国一年可以增产粮食500亿公斤，可以多养活2亿中国人。

袁隆平也常遭到他人的诬陷，以前他总是无奈地站出来澄清：这完全曲解我的意思，我并没有说过这些，事情的真相是这样的……现在再遇到不明诬陷的时候，袁隆平沉默了。他不理会，不解释，不回应。他继续在田间地头搞科研，在这个不愁温饱的年代，袁隆平就是这样的粮食英雄。

袁隆平院士虽然天天跟水稻打交道，但在他的世界里，水稻并不是唯一，他从未忘记满足自己精神上的追求。80岁之前，他每天晚饭之前打半小时排球，并且自信地说："我领的队一定赢。"游泳是他最喜欢的运动，自称年轻人也游不过他。

对水稻产量，袁隆平有孩子对待心爱玩具般的执着追求，他爱运动、爱打麻将、爱讲笑话，会拉小提琴、会跳踢踏舞、会下象棋，还喜欢冷不丁说句英语，2019年6月，袁隆平在中非农业发展研究会献上了一段英文致词，让很多网友惊呼袁老的口语比自己还好。

袁隆平打麻将总是输，输了就钻桌子，还乐此不疲。袁隆平说很多人退休后不下棋不打球,特别容易老年痴呆,自己体检的时候,医生为了测试他有没有老年痴呆的迹象,就给他出了一道算术题,95+13是多少?袁隆平一下子就说出来了。医生忙说:"没有痴呆,没有痴呆。"袁隆平这才松了一口气,然后开心地像个孩子:"我们搞科研的,最怕痴呆。既然我还没有痴呆,那就要继续工作,退休对于我来说是不存在的事。"

袁隆平不服老,83岁那年,有人称他83岁高龄,他当场纠正,是83岁青春。2020年,袁隆平90岁了,采访时袁隆平称自己是"90后"。

"我觉得还可以,我90岁了,身体还好,脑瓜子也没糊涂,充满了活力,算资深帅哥。"袁隆平这样评价自己。

袁隆平在一家理发店理发16年,不经意间就带火了一个路边的偏僻理发小店。他自己设计发型,剪完头发后还会俏皮地打趣:"我又年轻了!"

袁隆平这位杂交水稻之父,不仅创造了世界水稻单产最新、最高纪录,甚至突破了海水种稻的先例,让我国成为世界第一个实现大规模种植海水稻的国家。

(摘自《90岁袁隆平再上热搜》《89岁带团队,在沙漠里种出海水稻,不该被尊重吗?》,选文有删改)

【评价摘录】

　　袁隆平是一位真正的耕耘者。当他还是一个乡村教师的时候,已经具有颠覆世界权威的胆识;当他名满天下的时候,却仍然只是专注于田畴。淡泊名利,一介农夫,播撒智慧,收获富足。他毕生的梦想,就是让所有人远离饥饿。

　　　　　　　　　　　　　　　　　　——中国科技评奖委员会

【其人语录】

　　我如果不在家,就一定在试验田;我如果不在试验田,就一定在去试验田的路上。

　　让全世界人民远离饥饿,这是我毕生的心愿。

按照示例,请你来补充一下袁隆平的具体品质。

具体品质	例证简述
不懈探索,勇于超越	20世纪70年代,袁隆平的杂交水稻已惠及全球40多个国家,他被誉为杂交水稻之父,就这样,他依然未停下探索的脚步,在近90高龄时,还带领团队创造了四个水稻产量奇迹:盐碱地,最高亩产800公斤;昔日荒芜的山东东营,平均产量超过600公斤;台州遇到台风,产量还达670公斤;海水稻,产量300公斤,可以养活1亿人!
单纯执着,勇于实践	袁隆平一生80%的时间,都是在农田度过的。他每天过着大海捞针般的试验生活,连国家奖励的豪宅也被改造成了实验室,他笃信电脑里种不出水稻。
大爱情怀,勇于担当	袁隆平毕生的追求就是让所有人都远离饥饿,他的杂交水稻技术被全世界共享,就是让更多的人不再饿肚子。

你积累的名句有哪些?

适用主题	摘录语句

健康加勤奋，一生不虚度

黄克智，男，1927年生，著名力学家与力学教育家，清华大学工程力学系教授、工程力学研究所所长，中国科学院院士。长期从事弹塑性力学、薄壳理论和塑性理论的研究和教育工作，是清华大学工程力学系创建人之一，培养了一批固体力学研究人才。

一个人无法不变老，但是他可以抵制衰老。这应该是黄克智最真实的写照。他已经90多岁，但身体仍然健康，还能继续上班。他能带研究生，能打网球，能骑电动车，他做报告时不让主办方提供椅子。他说："我不用坐，20年前做报告的时候人家就问站半个小时有没有问题，我上课一次要站3个小时，怎么会有问题？我一直上到80多岁。"他就是清华大学工程力学研究所所长黄克智。

　　不要以为他有一个钢筋不坏之身，他在2005年被查出心血管三根主动脉中，堵塞最严重的一根已经达到75%，但是6年后却情况好转，而这一切都得益于他对运动的重视。

　　2017年12月10日，年过90的清华院士黄克智教授，用自己工作70年的经历与感悟，在清华大学大礼堂做了一场主题为健康是成功之本的报告。他说："我目前还在上班，带研究生，参加一些科研项目。我坚持每天早晨打一场网球，还能骑着电动车在清华园里到处活动，这一切都源于我有一个比较健康的身体。"

　　黄克智教授20岁大学毕业，已经工作70年，其中有69年服务于清华大学，可谓是一个真正的清华人。

　　"健康加勤奋，一生不虚度。"在送给记者的书上，黄克智院士工工整整地写下了这样一句话。话语如是，践行亦如是。

　　年逾九旬的黄克智一直坚持清晨4点半起床阅读文献，6时后散步或跑步，8时之后就可以看到他精神焕发地站在讲台上。黄克智从不浪费点滴时间,在与记者约定9点见面之前,黄克智已完成打网球、阅读等一些固定动作。

72岁开始练习网球,黄克智已坚持20多年。说起这项运动,他热情高涨,"其实我和老伴的球艺并不高,但我们乐在兴趣,享受坚持。"

我们常说:人一生干了很多蠢事,但最蠢的一件事就是忽视健康。黄老曾经也是如此,他说自己在40岁以前基本不锻炼,那时仰仗着自己年富力强,熬夜透支就成了家常便饭,结果很早就患上了轻度肺部感染。他是清华大学出色的力学专家,但却吃惊地发现,年纪刚过40的自己视力已经有些模糊。这让他一下子警醒,随后开始了跑步锻炼。每天跑步1小时,每次3000多米。为了解决跑步过程的枯燥,他边跑步边戴着耳机学外语,多年下来,竟学会了法语和日语,后来竟达到能看懂专业书籍的程度。

66岁时,黄老开始调整锻炼内容,他选择了舒缓柔韧的太极,坚持了两年,又觉得太极拳不出力也不出汗,于是70岁那年,他改学了游泳,但是受游泳池开放时间的限制,加上前后准备工作几乎需要花去3小时,他又觉得时间损失太大。在他72岁的时候,他开始学习打网球,一场球打下来出一身汗,回家洗个澡一身轻松,早饭后就可以精神饱满地工作。这项运动他一直坚持了下来。黄克智就这样一直以惊人的毅力不间断地进行体育锻炼,练就了不逊年轻人的体质,这也是他勤奋刻苦工作的资本之一。

"健康太重要了,对于知识分子而言,年轻时只是知识的积累,到了后期才开始喷发。如果你的身体状况不佳,还没到喷发的时候身体就垮了,那一生不是白活了吗?我95%的成果都是50岁以后才有的。"黄克智一再强调。

革命要能力也要体力。70多年的科研工作中,黄克智始终很忙。年轻时，他一天工作12个小时，70岁以后，他调整了作息制度，每天工作9个小时以上。他发表学术论文400余篇，出版了7部专著，完善了求解壳体问题的合成分解法，把极复杂的壳体问题改变为几个更简单的问题；他带领团队推动压力容器设计方法的进步，解决了两个国际压力容器界曾经公认的难题；他坚持从交叉学科的角度研究页岩气高效开采问题，瞄准技术发展前沿……

说起学术生涯，黄克智向记者展示了一张泛黄的老照片，照片是一位28岁的英俊小伙，背景是莫斯科大学。

1955年，教育部首次派出高校教师进修代表团赴苏联进修，刚被提拔成讲师的黄克智在清华大学的5人名单之中。在苏联学习期间，黄克智夜以继日地学习，最终他的努力得到了导师——著名力学家拉包特诺夫的肯定。在一次小组会议上，黄克智的导师感慨："从来没有见过这么努力的学生。"他建议黄克智争取莫斯科大学博士学位。

1958年底，正当黄克智准备博士答辩时，一封召其回国，组建我国第一个工程力学系的电报送到他手中。

事不避难，义不逃责。具有强烈家国情怀的黄克智经过一番思想斗争之后，毅然放弃了即将获得的博士学位，坐了六天六夜的火车回到清华大学。这一去，黄克智的一生就和清华大学和中国的力学发展分不开了。

回国后，他以忘我的热情投入到教学与科研工作中。在六七年中，开设了弹性力学、塑性力学、薄壁结构力学、蠕变理论、传热学与热结构学、薄壳理论等8门新课，为我国第一个工程力学系的创建与发展打下了坚实的基础。

教书育人，躬耕不辍。大学毕业后的72年，黄克智有71年都是在清华大学的讲台度过的。

"这一辈子我做了一件值得骄傲的事,那就是把我的一生奉献给科学和祖国!"黄克智先生说。

改革开放后,国家百废待兴,固体力学领域急需人才。为了把失去的时间赶回来,黄克智确定了后半生的小目标:为清华大学的固体力学建立一个年轻而强大的团队。

严格认真,是黄克智对学生的要求,更是他对自己的要求。在一个冬天的清晨,天还没有亮,正在清华大学读博士的姜汉卿躺在宿舍的床上睡得香甜。朦胧中,他听到有人在敲门。

"谁呀。"姜汉卿忍着睡意喊道。

"是我,黄克智,你可以起来工作了。"

听到这句话,姜汉卿一下子从床上坐了起来,这时候时针刚刚指到了6点。然而姜汉卿知道,老师黄克智已经起床工作一个半小时了,他也不好意思再睡觉了匆匆起床工作。

正如标志时代最灵敏的晴雨表是青年人一样,标志专业最有活力的指标是团队。40年中,黄克智始终不敢有一丝懈怠,培养了上百名研究生、近70名博士生、5名院士、获得3次百优博士论文导师奖,2004年还获得清华大学颁发的首届突出贡献奖……

老伴儿心疼他,笑着说:"一生的目标已经完成,可以轻松点了,学生也可以少带点了。"他却说:"超期服役很多年了,目前还算老而不朽,有多少光就发多少热吧。"

"清华是我的根,力学系是我的家。我把这里的年轻人当成了自己的孩子。团队的茁壮,年轻人的成长,是我一生的期望。"黄克智笑着说。

秉持如此理念,黄克智注重从学生中物色苗子培养成才,动员留学的年轻人学成归来报效祖国。

荣誉是美德的影子。1991年他当选为中国科学院院士，2003年当选为俄罗斯科学院外籍院士。对于当年放弃即将到手的博士学位，黄老说："我本人并没有拿过博士学位，国家却让我承担力学学科评议组负责人15年，这就说明国家重视人才，国家没有忘记我，我有什么可后悔呢？"

桃李不言，下自成蹊。提起黄克智，清华大学航天航空学院的同学都亲切地称他为固体力学专业的祖师爷。

学生眼里的黄院士以"严"出名，对课题基础理论部分要一字一句地推演检查，任何模糊的概念和不严谨的推导都休想蒙混过他的眼睛。

回忆和黄克智一起学习工作的生活，清华大学教授薛明德眼中流露着感恩："黄老师把参加国内外学术活动的机会，一次又一次让给了年轻人，让我们得以在学术界展露才华。"

每当学校开一门新课，黄克智就把自己亲自推导过的文献连同笔记、讲稿毫无保留地交给其他年轻老师。在与年轻学者的合作方面，黄克智也竭力为他们的研究创造条件。他的目标是培养造就一支学术梯队，其信念是宁要群芳争艳，不搞一枝独秀。

被记者问及最骄傲的成绩时，黄克智笑着说，"当年的小目标已基本实现，目前清华大学固体力学专业已经形成一个老中青相结合、团结向上的力学团队。在我们的团队中崇尚科学的道德、严谨的学风和团结合作良性竞争的氛围。"

一个人只有保持青春活力，才能激流勇进；一个人只有坚持学习，才能与时俱进；一个人只有坚持奋进，才能永远年轻。黄克智深谙此道。60年代研究壳体理论、塑性理论、蠕变理论，70年代研究压力容器，80年代研究智能材料相变力学，90年代研究微纳米尺度的力学……

黄克智选择的研究方向，与当时的国家需要密不可分。

"研究的课题要为民族和国家做贡献，也是为自己做贡献，这是完全统一的。"黄克智说，"只要以国家需要为导向，力学可以做的事情就会很多很多。"

2012年，85岁的黄克智在参加中科院院士大会时了解到，我国石油页岩气开采产业与世界领先技术仍有差距，他立刻把研究方向投入到石油页岩气领域。

进入新的领域困难重重，一切都得从头开始，但黄克智坚持了下来。回忆起和学生们一起研究的经历，黄克智说："有一段时间几乎整天茶不思饭不想，就想着问题怎么解决，坚持一段时间以后，才慢慢地找出一条路子来。"

"投身固体力学研究领域70余年，我不曾觉得寂寞，总觉得时间不够用，怕赶不上时代的发展。"黄克智认真地说，"固体力学的每一个领域都足够我们奋斗一生。"

如今，93岁的黄克智与儿子黄永刚已合作30余年，共同发表SCI科学论文200余篇、专著两部，10年前出版了《高等固体力学》上册，现在正赶着完成下册。

提到93岁高龄每天还能坚持工作六七个小时，他说："成就出于勤奋，这是我一辈子遵循的法则。"

（摘自《黄克智：成就出于勤奋》《热血满腔，克勤力学的智者》，选文有删改）

【评价摘录】

  他是勤奋的，5岁上学，20岁大学毕业，一生都是清晨4点半起床学习工作，从不浪费点滴时间。

——妻子陈佩英

  黄老师把参加国内外学术活动的机会，一次又一次让给年轻人，让我们得以在学术界展露才华。

——清华大学教授薛明德

【其人语录】

  我对新鲜事物有一种强烈的好奇心，我也愿意在困难中考验自己的毅力和信心。

  我热爱科研，它是我生命中的重要部分。

按照示例，请你来补充一下黄克智的具体品质。

具体品质	例证简述
健康，成功的保证	50年的坚持锻炼，让黄克智的科研生命保持了70多年，并且让他生活的半径始终保持相当的长度。
善于利用零星的时间	黄克智跑步时戴着耳机学外语，多年下来，竟学会了法语和日语，达到能看懂专业书籍的程度。
热爱祖国，勇于牺牲自我利益	正当黄克智在莫斯科大学初步拟就博士论文准备答辩之际，收到了国家召其回国，组建我国第一个工程力学系的电报，黄克智毅然放弃了即将获得的博士学位，回到清华大学以忘我的热情投入到教学与科研工作中。

你积累的名句有哪些?

适用主题	摘录语句

把所有不可能变成了可能

郎平，祖籍天津，著名女子排球运动员、教练员。与美国名将弗罗拉·海曼、古巴名将米雷亚·路易斯并称为20世纪80年代世界女排"三大主攻手"。1996年获得国际排联颁发的世界最佳教练。2002年10月，正式入选排球名人堂，成为亚洲排球运动员中获此殊荣的第一人。2013年，被任命为中国女排国家队主教练。2016年，荣膺感动中国年度人物。同年，她荣获影响世界华人大奖。

铿锵玫瑰最迷人，追梦健儿最美丽。2019年10月1日，天安门广场群众游行花车上的女排姑娘们格外引人瞩目，在此前结束的2019年女排世界杯比赛中，中国队取得十一连胜的骄人成绩，成功卫冕世界杯冠军，第十次荣膺世界排球"三大赛"冠军，为中华人民共和国70华诞献上一份沉甸甸的礼物。

女排夺冠之后，国际奥委会官方微博发文说："在中国体育史上，从来没有一个人能连续30年受万众瞩目，只有郎平做到了。球员时代的五连冠带领中国走上世界之巅，执教以后再次率领中国女排重回世界之巅……"

1960年郎平出生于天津，因为父亲是个体育迷，常常带郎平去看比赛，所以郎平从小就喜欢体育，其中最喜欢的便是排球。随着年龄的增长，小学六年级的郎平已经长到1.69米，因此被选中去体校测试并最终入选。她完全没有一般女生的娇气，不怕摔打敢于拼杀，经常弄得一身泥土，有时还浑身是伤，脚上的鞋一个月就穿破一双，同学们开玩笑说："郎平，你的球鞋又露脚趾头了。"

有了坚定的意志，就等于添了一对翅膀。超强的意志力让她逐渐脱颖而出，并于18岁入选国家队，如鱼得水的郎平排球技术越来越娴熟，很快便被委以重任。

1981年11月16日，很多人至今都记忆犹新。这一天，学校停课、工厂停工、路上行人稀少，甚至就连鸟儿都停止了鸣叫，整个国家都安静了下来,在等待,在期盼。

全国人民守在黑白电视机和收音机前。此时,千里之外,第三届女排世界杯的决赛正在激烈角逐中,中国队大战东道主日本队。

在主场球迷震耳欲聋的加油声中,一个叫郎平的姑娘在关键分上毫不手软,用果敢和坚决扣下了胜利,中国女排以3:2击败对手,加冕世界冠军。

当时的体育解说员宋世雄称她为中国的铁榔头,一锤子的雷霆。那一年,郎平的经典扣杀动作,也被印在纪念邮票上成为永恒;那一年,《人民日报》头版刊登了一篇文章:《学习女排,振兴中华——中国赢了》,评论员写道:"用中国女排的这种精神去搞现代化建设,何愁现代化不能实现?"

此后,郎平便开启了中国女排的黄金年代,她和队友齐心协力,一口气实现了五连冠。1982年,第9届女排世锦赛,中国女排完胜东道主秘鲁队,首次获得世锦赛冠军。1984年,第23届洛杉矶奥运会,中国女排以3:0的好成绩战胜了东道主美国队,首次三连冠。1985年,第4届女排世界杯,中国女排以绝对优势战胜古巴队,第二次夺得世界杯冠军。1986年,第10届世界女排锦标赛,在前捷克斯洛伐克,中国女排所向披靡,再次站上最高领奖台。郎平成了全民偶像,郎平的神话也一度达到了巅峰。有人做过统计,郎平扣球命中率接近50%,单场比赛最多扣杀96次,整整是别人的两倍。要知道伦敦奥运会时,惠若琪扣了50次,一旁的解说员就惊叹道:"这简直是惊人的次数。"而这只是郎平的平均水平。

1986年,26岁的郎平因伤退役。与一些退役后走上仕途的队友不同，她放弃了北京市体委副主任的职务。原因很简单，在《激情岁月——郎平自传》中她写道："我不能再躺在冠军的奖杯上吃一辈子老本，不能天天坐在荣誉上。世界冠军只说明我的过去，而一旦从女排的队伍中退下来，我什么都不是，我得重新学习本领，我得重新开始生活！"

从小学习成绩优秀的郎平，先是到北京师范大学恶补了半年英语，然后又抓住了一个公派自费留学的机会前往美国，此后攻读新墨西哥大学体育管理硕士，可留学的那8年，郎平过得并不顺利。

寄住在当地华人朋友家的郎平没有经济来源，连一件像样的衣服都买不起。白天读书时的那顿午饭，她不舍得去学校食堂或麦当劳，就自己做三明治带饭吃，一顿五六美元快餐的钱，她往往要想办法吃一个星期。为了经济独立，课余时间，她在10个夏令营教孩子们打排球，而参加夏令营的孩子，纯粹是为了好玩。

世界冠军的荣耀已经在郎平身上暗淡下来，她艰难地完成了学业。

1994年11月，巴西举行第12届世界女子排球锦标赛，郎平一直守在电视机前关注着中国女排，结果让她大吃一惊：昔日中国女排的王者风范已荡然无存，只获得第8名！郎平暗暗发誓，只要祖国需要，她一定回国。

1995年，她收到回国执教的邀请。当时的她，刚刚面临家庭的巨大动荡，女儿刚刚4岁，需要照顾。如果回国，不仅待遇相差很大，并且需要忍受无法与女儿相见的痛苦。

"郎平，祖国真的需要你！"这句话直击郎平的内心，她决定放下一切，临危受命，只身回到北京，担任女排主教练。

"作为一个人，我们其实都很渺小，但是，当有人代表国家对你说：'国家需要你！'你还能无动于衷吗？"郎平在自传中这样写道。

回国后，她几乎24小时不停歇地工作，甚至半夜睡下之后也会爬起来研究比赛录像，她昏厥了好几次，不到40岁的她身体几乎糠了。

1995年，上任后不久她便率领女排夺得了女排世界杯季军。次年在亚特兰大奥运会上，女排姑娘们一路杀进决赛，但最终因不敌古巴队而摘得银牌。1997年、1998年两年时间，中国女排分别摘得亚锦赛冠军、世锦赛亚军和曼谷亚运会金牌。

1999年，郎平因身体原因辞去了中国女排主教练的职务去美国疗伤。自从1995离异后，女儿一直随爸爸在加利福尼亚生活，郎平只有在假期才能跟女儿见面。

由于长期高强度训练，她的右腿韧带部分已经粘连在一起，左脚踝有碎骨存在。由于精神处于长期高度紧张，她患上了严重的失眠。医生认为，郎平至少要在医院调养5个月，才能保证身体和精神康复。

虽身在异乡，但郎平最牵挂的还是中国女排。2012年伦敦奥运会，中国女排在1/4决赛不敌日本队，无缘四强。仅仅两个月，中国女排在亚洲杯决赛中被泰国女排击败，无缘冠军。2013年，国际排联公布的世界排名，中国女排再度下滑，位列第五，以致渐渐滑出了八强行列。

漫漫长夜，谁能带领中国女排走向黎明？人们呼唤着"铁榔头"。有人劝说郎平不要接这个烫手山芋，否则会毁了自己的一世英名。

"接！为何不接！30年前我可以，30年后我依然没问题！"在女排最危难的关头，53岁的郎平选择再度出山。

国内外多年丰富的执教经验让郎平意识到，能否最大限度整合优质资源是实现目标的关键。如果说，运动员郎平是凭着一腔热爱为排球事业奋斗，那么教练员郎平则理性地把排球看作一种职业。

"只靠精神是不能赢球的，专业技能和科学管理是建起万丈高楼的基石。"郎平说。

在郎平的要求下,排管中心给予她用人的绝对话语权、自主搭建教练团队等承诺,这几乎是国内其他教练无法企及的工作空间。

没有完美的个人,只有更好的团队,郎平的"寻人"与众不同。以往国家队集训人数一般只有16到18人,依靠几个主力长期配合达到高度黏合的默契,被视为从"五连冠"时期积累的成功经验。但郎平看得长远:世界排球的发展趋势对体能、速度和力量要求越来越高,只有"多人打球"才能使队伍良性循环。

"郎家军"几次撒网式选拔后,从联赛调动队员近40人,每个位置总保持有3到4人在竞争。郎平力推"大国家队"战略,意在通过大面积轮换主力,抹平一套阵容打天下造成的"板凳差"。这一国际流行做法,给闭塞的中国排坛带来颠覆性冲击。

郎平第一次在集训名单写下"朱婷"的名字,连助理教练赖亚文都不知道这人是谁。

"这个小孩特有天赋,但就是特别软。"郎平说。

在2011年女排甲A联赛中,河南队的朱婷引起了郎平的注意。当时17岁的朱婷失误不少,评论员认为她没有打超手的能力。但郎平却记住了她,并从此开启了一段中国体育史上最特别的师徒佳话。

对这块璞玉,郎平像国宝一样地呵护。朱婷入队前两年,郎平没有给她上太多力量训练,还亲自从美国背回蛋白粉,让她长肌肉、增体重。身体素质提高后,郎平手把手带着朱婷训练一传、防守和后排进攻,一点点打磨技术细节。

破格调入朱婷后,国少队的袁心玥、从沙滩排球转项的张常宁、名不见经传的龚翔宇等人都来了,郎平的"造星名单"在不断扩充。新队员有潜力,但基本功差,郎平对训练进行革新性规划,按场上位置分组攻关、恶补短板。一堂5小时的训练课,她常常坐不到20分钟。苦心没有白费，这些"90后"进步速度如同坐上火箭，在国际大赛中大放异彩。后来，朱婷在国家队获得首发，去世界顶级联赛打球，成为国际巨星。

大胆使用新人，重新起用之前鲜有机会的老将，郎平从来都很干脆。2015年女排世界杯，平均年龄只有20岁的朱婷、袁心玥、张常宁三人，成了最大的惊喜。和日本队进行到赛点时，郎平派上本届世界杯没有打满一场比赛的魏秋月，让这位带伤出征的老将，也一尝冠军滋味，给予老将应有的尊重和礼遇。

郎平说："比赛单靠精神不能赢球，还必须技术过硬。"

女排姑娘一天训练湿透7套衣服已不足为奇，但意志品质不能解决所有的问题，训练间歇时郎平指点的是技术细节，她认为体育应回归到体育本身该有的技术话题。

训练和治疗完毕，郎平会给队员分组，每天晚上要求她们自己观看录像并写个人作战方案。

"我希望她们将对手的特点吃透，这样临场发挥时，就知道对手会出什么招，会有哪些变化。"郎平对此解释道，"因为场上的情况瞬息万变，我需要她们在场上和我保持同步，如果只有教练知道怎么应对，而她们自己不知道，再经过教练传达，就来不及了。"

郎平有个宗旨，人脑要当电脑用，脑子里必须存储下所有对手的打法，无论在场上遇到哪个国家的对手，要能迅速给出方案。开会时，郎平会突然点名提问某个队员，这个对手你准备怎么应对，每到这个时候，姑娘们往往很紧张，但其实大家都知道，她是希望球员对对手的印象更深刻一些，将对手的特点都牢牢记在心里。

在出征里约奥运会之前，几乎没有人看好中国女排，很多人认为，四强将是她们的天花板。

打巴西队的赛前准备会上，郎平笑着做战前动员："这里的训练馆咱们订到决赛那天，提前走人家也不退钱了，所以得训练够本钱,对不？"

队员们搭起手齐声回答："我们还想多打几场球呢！"

那一刻，郎平把可以被打败，但绝不能被打倒的血性，灌输给每个人。

时光倒转到2016年8月21日，里约奥运会女排决赛第四局，紧张的气氛令人窒息。主攻手朱婷高高跃起，一个势大力沉的重扣，竟然砸得对手倒地不起，彻底击垮了塞尔维亚队员的信心。而此时，站在赛场边的郎平目光如炬，所有精力集中在瞬息万变的战局。即便一时比分落后，她依然淡定自若，暂停时她鼓励队员们："慢慢来，一分一分拿！"当惠若琪奋力扣下最后一球，奥运金牌时隔12年再度挂在中国女排的胸前，郎平已经累得没有力气兴奋了。

在里约的20多天，郎平整整瘦了7公斤。此前奥运小组赛只交出2胜3负的成绩单，从"死亡小组"惊险出线后，东道主巴西队成为无法选择的淘汰赛对手。过往8年的19次交锋，中国女排只赢过1次。

在"魔鬼主场"的震天嘘声中，中国女排把整个巴西打哭了，通往冠军的大门从此开启。更值得高兴的是，传奇仍在继续……

2019年日本大阪女排世界杯上，9月17日中国女排刚打完比赛，郎平问队员："明天是什么日子？"

队员们异口同声地回答："9·18国难日！"

郎平说："好了，明天和日本队比赛，你们都知道应该怎么打了。"

这就是郎平的战前动员。9月18日（大阪赛场）中日女排开赛，体育场观众一边倒地为日本女排助威，郎平一改给替补队员提供多锻炼机会的方式，三局一人未换、一次未叫停，全部主力连打三场，干净利落地3∶0狂胜日本女魔。

9月29日，中国女排姑娘对阵阿根廷队以11胜0负的傲人战绩卫冕本届世界杯冠军，为中华人民共和国成立70周年献上最好的礼物。

从世锦赛亚军、世界杯冠军到奥运会冠军，中国女排捅破了世界三大赛10年无冠的窗户纸，郎平把所有的不可能变成了可能。

场上的郎平，霸气，不怒自威；场下的郎平，谦逊，平和，时常有孩子般的微笑，总是让人感到满满的正能量。对待这些跟自己女儿差不多大的姑娘，郎平是严师，也是慈母。私底下，她习惯称呼队员孩子，她记得每一个队员的生日、爱好。对年轻人的想法，尽量去理解和包容。在郎平的女儿白浪眼里，妈妈对女排队员甚至比亲生女儿还亲。她会自己掏钱给队员购买蛋白粉，过节时给"女儿们"发红包，甚至带姑娘们出去购物。在她的引导下，女排姑娘改变的不只是技术，还有对排球的理解、看问题的视角、做人的态度，更自信、自如地从事这项运动。

在许多人的印象里，赢球后满场飞奔，胜利后抱头痛哭，是中国女排的经典画面。而"郎家军"最吸引人的，恰恰是不那么标签化的东西。朱婷的三连扣贡献了一波"王之蔑视"表情包，袁心玥赛后给记者们连唱带跳演绎歌曲《小苹果》，哪怕登上奥运领奖台，大家都要一起"抖腿"表达兴奋之情……郎平的到来，让中国女排变得真实、开放，不再是饱受血泪与伤痛的苦情，而是永不放弃、我最霸气的豪情。

从创造"五连冠"神话的运动员郎平，到率领中国女排重返世界之巅的教练员郎平，这把"铁榔头"一敲就是40年。《中国排球》刊文评价，郎平是中国排球史上一位划时代的英雄。

英雄二字重千钧，在鲜花、掌声与荣耀的背后注定是负重前行，郎平的身体至今仍残留着老女排时代的伤痛。

经历了多次手术后，郎平偶尔开玩笑说："我现在境界和追求都没那么高了，能正常走路、正常生活就行。"

郎平的房间里总是堆满了毛绒玩具，队员们曾感到惊讶，难道她童心未泯？原来，这是用来垫身的，晚上睡觉的时候，她得将身体后面的空隙用玩具塞满。长年累月的运动员和教练员生涯，郎平接受过12次手术，前后做了7次软骨移植手术，摘除了全部髌骨，一跑步就是骨头撞骨头。郎平的医生曾经说："50岁的郎平，她的心脏已有60岁，关节已经像是七八十岁的老人了。"

最感同身受的是队员徐云丽。2015年徐云丽受伤后，每天负责翻动比分牌，当时郎平就坐在她前面。

"突然郎平起身走开了，但过了5分钟，她又回来了。后来才知道，她是因为痛得受不了了，打了一针封闭。"徐云丽说，"我当时都蒙了，我们运动员要是打封闭，需要两三天的休息时间，而她不声不响，打完就返回训练场，我看了心里挺难受的。"

郎平从不主动提及自己的伤病，总会将话题转移到运动员身上，称她们才是最坚强、最令人感动的人。而她本人，忙得没时间做康复，有时从深夜直至凌晨，她都在房间里研究对手录像。

"铁榔头"从未因为自己的身体而当众落泪，但提到爱徒的伤病，她常常会红了眼睛。因为，在姑娘们的身上，她看到了中国女排的传承和希望。

在一次采访中郎平说："只要穿上带有中国字样的球衣，就是代表祖国出征。每次比赛，我们的目标就是升国旗奏国歌！"

什么是女排精神？女排精神就是打球不是为了利益，而是要打出中国精神。什么是女排精神？女排精神就是当祖国召唤时义无反顾。

有很多传闻都称郎平已经加入美国国籍。有一次，当记者问到郎平关于国籍的问题时，郎平说："我一直都是中国护照，我现在去每个国家都要签证，我是中国人！"

郎平的女儿白浪出生在美国，郎平是女儿的法定监护人。所以对郎平来说，获得美国国籍自然是顺理成章的事，但她拒绝改变自己的中国国籍。

郎平还成立了郎平基金会，帮助受伤的运动员尽快康复。她说："我看到我的很多队友，在工作生活中他们承受了很大的痛苦，对生活品质影响很大。所以我成立了这个基金会，尽我一切所能帮助他们。"

积累多了就是经验，经验多了就是应变，应变多了就是智慧。从运动员到教练员，从国内到国外，郎平积累了丰富的经验，为中国女排建立了强大的国际训练医疗团队。在2014年的新一代中国女排阵容中，最令人耳目一新的是正式组建有美国名医加盟的医疗保障团队，把国外最先进的运动理疗康复理念和技术，都拿来为中国女排所用，带领队员根据各自不同的情况进行体能训练和伤病康复训练。

1978到2018年，是中国改革开放、发展进步的40年，也是作为中国体育、中国排球的代表人物之一的郎平奋斗进取、迎接挑战的40年。痛苦与磨难固然可以历练一个人的成长和一个民族的发展，但没有什么能比胜利更让人扬眉吐气，这份骄傲，属于一次次创造了中国体育奇迹和大国精神的女排和郎平！

（摘自郎平《激情岁月》，选文有删改）

【评价摘录】

　　临危不乱，一锤定音，那是荡气回肠的一战！拦击困难、挫折和病痛，把拼搏精神如钉子般砸进人生。一回回倒地，一次次跃起，一记记扣杀，点染几代青春，唤醒大国梦想。因排球而生，为荣誉而战。一把铁榔头，一个大传奇！

——2016年感动中国颁奖词

　　有郎平的地方，就有奇迹。

——白岩松

【其人语录】

　　拼搏的人生没有终点。

　　女排精神不是赢得冠军，而是有时候知道不会赢，也竭尽全力！是你一路虽然走得摇摇晃晃，但站起来抖抖身上的尘土，依旧眼中坚定。

按照示例，请你来补充一下郎平的具体品质。

具体品质	例证简述
激情拼搏无极限	她荣誉等身，却从不止步，从运动员到教练员，从中国到国外，从少年到年近花甲，她从未停止过奋斗。
国家信仰不动摇	不管她身在何方，只要祖国需要，她就义无反顾地回到祖国的怀抱，放弃所有，在所不惜。
世界格局和眼光	她将世界球队的管理方式与优秀的团队吸纳使用在中国球队上，大胆突破，为我所用，打开了中国球队的新局面。

你积累的名句有哪些?

适用主题	摘录语句

病毒中的逆行者

钟南山，1936年10月出生，中国工程院院士、呼吸病学专家，广州医科大学附属第一医院国家呼吸系统疾病临床医学研究中心主任，抗击"非典"特等功臣，公共卫生事件应急体系建设的重要推动者。2009年被评为感动中国人物，2018年党中央、国务院授予钟南山"改革先锋"称号，颁授"改革先锋"奖章，他还荣获全国先进工作者、白求恩奖章等荣誉。

疾风知劲草,危难见英雄。2003年,他是以67岁高龄走上抗击"非典"第一线的呼吸病学专家。17年过去,84岁高龄的他又在第一时间进入疫情最严重的武汉,再一次走进了人们的视线。他就是被称为病毒中的逆行者,硬核男神——钟南山。他的逆行,曾改写了"非典"的结局。

灾难总是不期而至。2003年春,一场病毒席卷了祖国南北。电视上每天都在播报最新的感染人数,全国到处都在抢购板蓝根和食醋……

有人说,这不过就是普通肺炎罢了,没有必要如临大敌。由于对病毒的轻视,病人认为情况不太严重,就医不及时,结果出现超级传播者。钟南山在广州医学院接收了一位从河源市送来的肺炎病人,他持续高热、干咳。肺部经X光透视呈现"白肺"(即双肺部炎症呈弥漫性渗出,阴影占据了整个肺部),使用各种抗生素却毫不见效。他意识到问题的严重性,这不可能只是普通的肺炎!

但当时的舆论普遍认为这是衣原体引起的肺炎,采用针对性强的抗生素治疗就非常有效。钟南山陷入了两难之境,他坚信自己的判断,这根本不是什么衣原体感染,而是一种罕见的新型病毒并且传染性极强,如果按照衣原体治疗,不仅会延误治疗时间,也将会导致很多人传染和死亡,疫情也将彻底失去控制。

何去何从?钟南山没有考虑太久。在当晚广东省的紧急会议上,钟南山明确表达了自己的态度,强烈反对使用抗生素,并坚持说:"'非典'的元凶不是衣原体,而是病毒！这种病毒,传染性极强。"

4天后,这一结果得到世界卫生组织的正式确认。

同年4月12日召开的"非典"新闻发布会上中外记者云集,所有人关注的焦点只有一个问题:疫情是否得到了有效控制？钟南山铿锵有力的话语传进每一个人的耳朵:病情还在传染,目前只能说是遏制住了,根本没有控制住！

言无人敢言之语,担无人敢担之责。钟南山的"逆行"引来全国人民的赞赏,我国抗击"非典"战役自此打开了新局面。

钟南山有一句名言:"医院是战场,作为战士,我们不冲上去谁上去？"在抗击"非典"的过程中,医护人员们像战士一样冲锋在前。很多医护人员抛下家庭子女,连续几个月不回家。即使中间有机会回去,他们也不敢进门,只能远远地看一眼自己的家人。但随着病情愈演愈烈,无数医护人员倒下了。

"非典"极强的传染性,让许多人谈之色变避之不及。钟南山再次召开新闻发布会,以院士名义负责任地说:"'非典'并不可怕,可防可治。"

钟南山的一句话,就像是给笼罩在恐慌中的人吃了一颗定心丸。

而此时的钟南山却做出了一个让所有人震惊的决定:"把重病人都送到我这里来。"淡淡的一句话,却无异于平地惊雷,被抬过来的有些病人,神志已经不清,四肢都是硬邦邦的,身上的衣服只能剪掉,钟南山又紧急呼吁,病情不是很重的病人,也要尽快送过来。他在广东、深圳、香港之间来回奔波,查看每一个"非典"病人的口腔,38个小时未曾合眼,他对医生说:"考验我们的时候到了,我们本来就是研究呼吸疾病的,最艰巨的救治任务舍我其谁？"

意外终究还是来临了,在抗击"非典"最严峻的时刻,钟南山病了,是肺炎。他没有声张,而是把自己隔离在家中输液吃药。好在天佑栋梁,他并没有被感染,只是劳累过度引起的感冒。一周之后,病愈的他又一次地投入到抗击"非典"的战役中。

罗曼·罗兰曾说:"创造,不论是肉体方面的或精神方面的,总是脱离躯壳的樊笼,卷入生命的旋风。"

在越来越多的证据确定了"非典"是冠状病毒引发的病毒之后,钟南山提出了"无创通气"治疗方案,采用鼻部面罩通气,增加氧气吸入量。当病人病情加重时,适当用类胆固醇或皮质激素,重症患者需要将气管切开。这种治疗手段,在医学界普遍认为是大忌,但钟南山坚信实践是检验真理的唯一标准。很快他的创举被验证,重症病死亡率得到有效控制。他与医护人员连续奋战193天,将最后三位"非典"患者送出医院,出院率达93%,堪称世界医学史上的伟大奇迹。2004年,他当选为感动中国十大人物之一。面对荣誉,他再次淡淡地说了一句:"其实,我不过是一个医生。"

沧海横流方显英雄本色,"非典"这个突发事件使终南山脱颖而出,成为家喻户晓的人物,然而钟南山的老同事们却从来不认同时势造英雄的说法。他们说其实在"非典"之前,在很多患者的心目中,钟南山就是名副其实的好医生,只是一个历史的契机放大了他。对于钟南山对病人的好不少记者曾目睹了许多细节:钟南山在冬天会用手焙热听诊器,然后再给病人听诊。如今钟南山给病人看病依然是主动俯下身,一只手臂托着患者后颈和肩的部位,扶着患者慢慢躺下,等检查完之后再慢慢扶起来。无论病人多大年纪,哪种病情,即使有严重的传染病,钟南山都一视同仁,践行着一个真正的医者"上以疗君亲之族,下以救贫贱之厄"的担当与使命。

见彼苦恼,若己有之。2003年以前,钟南山的坐诊时间都是从中午1

点到晚上9点,一般要看50个病人,在他身边学习的一些研究生都受不了。直到现在,钟南山仍然坚持每周半天门诊半天查房,多数时间只看疑难病症,坐诊时钟南山亲自为病人查体,诊疗的时间几乎都接近半小时。

"非典"之后,钟南山的名字渐渐在公众视野里淡去,但他其实一直没闲着,他一直为百姓的健康而奔波。

在全国两会上钟南山也提出:"同一种药能有十几到几十个名字,往往是一个药品改个名,摇身一变成新药,身价立刻飙升。我就想不明白,一年批准1万多种新药,这些批号是怎么拿到的?这些问题到底谁来把关?"

钟南山也一直呼吁PM2.5检测数据全部公开,并直言不讳地告诉大家一句最不爱听的话:"PM2.5直接侵入肺中,人体的生理结构决定了对PM2.5没有任何过滤。"

在禁烟的问题上,钟南山公开说:"相关机构既管理卖烟又管理控烟,这怎么可能?这完全是对立的事情!"

因为屡次发表质疑观点,钟南山一度被冠以"炮王"。他自己说:"我老有一种感觉,好像专门喜欢跟谁较劲,老觉得不管走到哪儿,自己都不太受欢迎。"

但钟南山想来想去,还是决心做一个耿直的科学家,不要乖乖听话,但求无愧于心。因为,科学只能实事求是,不能明哲保身。

钟南山也会出错,但他都坦然面对。2009年5月,钟南山面对媒体自我检讨:"昨天我说甲型流感与普通流感的病死率相似,应该是说错了。确切的数据应该是普通流感的病死率是百分之零点多,而甲型流感是百分之一点多,其病死率要高于普通流感。"

他已经是极受推崇的大家,但他依然保持着冷静、严谨的科学精神,发现错了就主动站出来,自己认错。钟南山说:"我接触过许多真正有学问的人,他们敢于肯定自己,也敢于否定自己。对的东西,他敢坚持。但经过实践发现是错的,他也敢去否定。否定自己有时比肯定自己还要难。我要尊重事实来说话。一旦事实证明我错了,我就要纠正过来。"

大医精诚,医者仁心。所以,人们信他。

2020年,在"非典"发生的17年后,武汉出现了新冠肺炎疫情,情况又是惊人的相似。针对疫情,钟南山虽还未到前线,便通过相关资料分析出此次的疫情绝不简单,他给民众的建议是:"若没有特殊的情况,请大家不要去武汉。"

但他自己却食言了。1月18日傍晚,84岁的钟老从广州出发义无反顾地前往武汉防疫最前线。当天航班已买不到机票,他和助手挤上了傍晚5点开往武汉的高铁。安顿在餐车的一角,刚一落座便拿出文件研究。到武汉开完会后,他又立刻赶到金银潭医院了解病人的收治情况,研究防控方案,下午开会到5点。随后钟南山又登上飞往北京的航班,到达北京,他马上赶往国家卫健委,直到20日凌晨2点左右才睡下。早晨6点左右,钟南山院士便起床看文件准备材料,开始了一天高强度的工作:全国电视电话会议、新闻发布会、媒体直播连线……

人们担心的是他已过了耄耋之年,身体再怎么健康,能扛得住这么高强度的工作以及未知的危险吗?其实,钟南山之所以成为今天的钟南山,也是经过了种种历练。尽管他来自于医学世家,然而,他对于医生这个职业真正意义的理解,也是在实践中渐渐体会而来的。

他出生于1936年,父亲是享誉全球的儿科专家,母亲是中山大学肿瘤医院副院长。他儿时经常去医院,眼见父亲全心全力治病救人。他的家里,也经常有家长带着孩子来看病。孩子康复后,家长高兴,他父亲也很开心。

钟南山说:"那时候我就觉得医生能治病救人,会得到社会的尊重,有很强的满足感,这是我热爱这个行业的一个原因。"

1955年钟南山如愿考入北京医学院,也就是后来的北京大学医学部。他酷爱运动,1958年因体育成绩突出被抽调到北京市集训队训练,在1959年第一届全运会上以54.4秒的成绩打破了男子400米跨栏的全国纪录。

钟南山的爱人李少芬与他同岁,是新中国成立后的第一代女篮国手。他们的女儿钟惟月是优秀游泳运动员,1994年打破了短池蝶泳世界纪录。儿子钟惟德是广州的著名医生,曾荣获广州十大杰出青年称号,也是医院篮球队的中流砥柱。

钟南山长期在一线工作,他深知身体健康的重要性,所以他一直坚持锻炼身体。

钟南山说:"我是一名医生,很了解一个人身体健康的重要性,锻炼对健康的身体能起到很关键的作用。"

时至今日,钟南山仍坚持每周至少锻炼3次以上,每次锻炼1个小时。钟南山常笑着说:"锻炼就像吃饭一样,已成为我生活的一部分。"因而,84岁的钟南山依然精神矍铄步履矫健。

对钟院士一生影响最大的人是父亲钟世藩。父亲早年留学美国,曾取得纽约州立大学医学博士学位,是著名的儿科专家,回国后在中山医科大学任职。50年代国家还很贫穷,科研条件更是有限,他为了研究乙型脑炎病毒,父亲就用自己的工资买小白鼠做实验,家里也成了他的实验室。父亲痴心于研究,总结自己行医数十年的经验,写成了40万字的专著《儿科诊断和鉴别诊断》。1987年他去世前还念念不忘研究,常与儿子探讨病毒与磁场的关系。

1971年9月,钟南山从北京回到广州家中,之后一段时间,总觉得父亲的眼中充满忧虑。父亲担心什么呢?他不敢多问。直到一天,不爱说话的父亲突然问了他一句:"南山,你今年多大了?"

钟南山一时没明白父亲的用意,回答说:"36岁。"

"唉,都36岁了,真可怕……"父亲深深地叹了一口气。

这一夜,品味着父亲未说完的话,钟南山想了很多很多,他明白父亲的苦心,想到自己都36岁了还一事无成,心里如翻江倒海。

钟南山多次对别人说:"我的医学事业是从36岁真正开始的。"

但自那以后,钟南山像是变了一个人,废寝忘食,刻苦钻研,哪怕工作忙到深夜,也会利用琐碎的时间,不断完善医学知识。

1979年,钟南山考取公派留学,前往英国伦敦爱丁堡大学进修,但英国法律不承认中国医生的资格,导师不信任钟南山,把两年的留学时间限制为8个月,他下定决心要用行动来证明中国人的能力。一次大查房,遇到一位患肺源性心脏病的亚呼吸衰竭顽固性水肿病人,他根据病人病史,凭借自己的专业知识,判断病人为代谢性碱性中毒,其他医生们将信将疑,但最终还是采纳了钟南山的治疗方案,4天后,病人中毒症状完全消失,从此,院里的同事对这个来自中国的医生刮目相看。在随后两年的时间里,他与英国同行合作,先后取得了6项科研成果,完成7篇学术论文。回国之后,他的医学事业开始有了突飞猛进的发展。

2020年1月20日,历史将永远记住这一天,武汉的新冠肺炎疫情也自此打开了新局面。这天晚上84岁的钟老在电视上直言道:新型冠状病毒可以人传人,存在医务人员感染的风险。

但此次我们不慌,因为钟老是我们的定海神针,有他在,疫必去。

17年前我们相信这位老人,最终我们战胜了"非典"。17年后我们依然坚信这位老人,因为他有一颗救世之心,一腔赤子热诚。一身高超医术,一片赤胆忠心。他就是病毒中的逆行者——钟南山院士。

(摘自十点人物志《我们喜欢钟南山,因为社会需要真话》,新浪财经《有一种人生叫钟南山》,选文有删改)

【评价摘录】

　　面对突如其来的SARS疫情,他冷静、无畏,他以医者的妙手仁心挽救生命,以科学家实事求是的科学态度应对灾难。他说:"在我们这个岗位上,做好防治疾病的工作,就是最大的政治。"这掷地有声的话语,表现出他的人生准则和职业操守。他以令人景仰的学术勇气、高尚的医德和深入的科学探索给予了人们战胜疫情的力量。

——感动中国人物颁奖词

　　84岁的钟南山,有院士的专业,有战士的勇猛,更有国士的担当。

——《人民日报》

【其人语录】

　　任何人敬业都需要有兴趣爱好作为动力,但兴趣不是天生的,大多是后天培养的。

按照示例，请你来补充一下钟南山的具体品质。

具体品质	例证简述
无畏，勇气，求真	钟南山坚信自己的判断，敢于反对权威，指出"非典"病毒不是普通衣原体感染的肺炎事实，让"非典"的治疗有了突破性进展。
大爱情怀，勇于担当	武汉疫情，84岁高龄的钟南山临危受命，亲赴疫区，走访、调研、会诊。
体育锻炼	抗击"非典"时期，已经67岁的钟南山连续作战193天；武汉疫情时，84岁的钟南山依然连续作战，就是因为他常年锻炼的习惯和良好的身体状况。

你积累的名句有哪些?

适用主题	摘录语句

用技术改变世界

李彦宏，百度公司创始人、董事长兼首席执行官，全面负责百度公司的战略规划和运营管理。2018年1月19日，李彦宏以创新者的称谓成为《时代周刊》封面人物，这是中国互联网企业家第一次登上封面。2018年，党中央、国务院授予李彦宏"改革先锋"称号，颁授"改革先锋"奖章，并被评为海归创业报国推动科技创新的优秀代表。

他痴迷计算机，30岁就实现了美国梦，却回国开始了艰辛的创业之路；在稳坐国内搜索引擎第一把交椅之后，他又推倒一切，孤注一掷地推进人工智能战略转型计划。他就是不断创造中国企业史上新神话的百度董事长兼CEO李彦宏。

1968年11月17日，李彦宏出生在山西阳泉。父亲是兵工厂的工人，母亲是皮革厂的工人，家中5个孩子，他排行第四，是唯一的男孩。在父母的悉心关怀下，家里5个孩子全都考上了大学，大姐是恢复高考后第一届大学生，三姐考上了北京大学。

"我爸爸从小上过私塾，在文学和语言方面有一些功底。爸爸影响了我大姐，我大姐影响了我二姐，二姐影响我三姐，三姐又影响了我。"李彦宏笑着说。

李彦宏没上过幼儿园，三姐放学回家，就在家中院子里的小黑板上教李彦宏读书识字。那时的李彦宏，有着男孩子的贪玩，喜欢戏曲，常把床单围在腰上当战袍，拿根棍子当枪使。很多老师都认为李彦宏不是学习的料，读初三时，了解他的人都质疑：李彦宏能考上阳泉一中吗？

阳泉一中是山西省重点中学，在全国升学率只有20%的80年代后期，阳泉一中80%的同学都能考上大学。小时候的李彦宏有很强的不服输的心理，越是大家不看好的事，他就越是要做成。通过两个月的玩命学习，他居然以较高的分数考上了阳泉一中，让学校的许多师生大跌眼镜。

考上阳泉一中的李彦宏开始老实读书,他要像三姐一样,也要上北京大学。擅长文科的他,文理分科时却报考了理科,因为那时流行学好数理化,走遍天下都不怕。

李彦宏参加了电脑兴趣班,上高二时,山西省举办了一次计算机编程大赛,李彦宏进军决赛却败得一塌糊涂。考完后,他与同学逛书店,才发现太原有阳泉根本看不到的计算机方面的书,原来在信息获取上他并没有优势。那时的他在心里就埋了一颗种子,要让所有人,要让全中国的人,不管在多偏远的地方,都能平等方便地获取信息,这次经历同时也让李彦宏第一次感受到眼界和命运的关系。

"我渴望到外面的世界看一看,我相信这样能改变命运。"李彦宏笑着说。

当然,这次经历也让李彦宏在高考志愿填报时,刻意避开了自己认为水平并不靠前的计算机专业。

1987年,勤奋的李彦宏以阳泉市第一名的成绩考上了北京大学图书情报专业。两三个月的北大新生活过后,李彦宏的情绪由新奇、兴奋转向低落,这个图书情报专业跟他想象中的太不一样了,整日里接触的就是文献、目录,枯燥乏味。在一般人眼里,这个系学生的归属或许就是在某个图书馆做图书管理员,李彦宏的理想不在这里。正是这门李彦宏并不热爱的学科,为他以后创办"百度"提供了专业知识支撑,并由此获得了巨大成功。

李彦宏试图改变自己不经意选错专业的命运,他为自己设定了一条出国留学的路,并买下一大堆托福书拼命钻研,每天三点一线:宿舍—食堂—图书馆。

北京大学提倡学生选修其他系的课程,李彦宏喜欢计算机,所以,经常去计算机系旁听一些专业课程。

和北京大学众多出国留学生一样，李彦宏广种薄收，一次向美国十多所大学递交了申请，最后被美国计算机排位20的布法诺纽约州立大学录取。

当时美国认为中国的计算机非常薄弱，绝大多数学校拒绝录取中国留学生，布法诺大学因为有两个华裔教授，所以才破例录取了中国学生。

1991年，23岁的李彦宏背着行囊，踏上了人生的第二次征程。

美国布法诺纽约州立大学一年有6个月飘着雪。初来乍到，李彦宏白天上课，晚上补习英语、编写程序，经常忙碌到凌晨两三点。因为一般留学生要过语言关，而他本科时又没有学过计算机本科的核心课程，现在却直接研修计算机硕士，硕士的课程又十分紧张，他甚至不知道什么叫Flip-Flop。同样他还面临着生存的压力，自己必须养活自己。补习、上课、打工，就是他那时生活的真实写照。

在布法诺纽约州立大学读书期间，因各种原因，他搬过3次家，每次都跟人合租，虽然来回奔走，不断折腾，但他的口语和专业英语却有了很大进步，这也许就是留学生最艰难的时期——磨合期吧。

一次偶然的机会，他发现有位做计算机图形学的教授想招收助理研究生，这也是很好的打工机会，他就前去面试，回答的专业问题并不理想，教授最后问了他一个问题："你们中国有电脑吗？"那语气充满了怀疑与不屑，这让年轻的李彦宏很受伤，他没想到在这位美国教授眼中，中国这样一个大国竟会如此落后。从那一刻开始，他在心底暗暗立下一个誓言，一定要在计算机领域做出一番事业来，绝不让别人这么看轻中国。

1993年4月，暑假打工他应聘到松下公司做实习生，从事光学字识别领域的研究,在3个多月的实习期间,他提出一种提高识别效率的算法,松下公司当即鼓励他发表研究成果并投入到实际应用中。他第一次感受到自己的研究和发现可以马上应用到现实中,可以帮助更多人的成就感让他十分兴奋,于是他做出了一个重要决定,放弃读博,进入工业界。用他后来的话就是:"希望通过技术改变世界、改变生活。"

当时这个决定是非常大胆的,因为许多优秀的学生最理想的人生愿景是博士—教授—权威的金光大道。凭着他攻读硕士期间就能写出这样具有国际水平的论文,他未来的读博和博士文凭只是时间问题。

放弃读博之后,李彦宏开始找工作,虽然硅谷的公司与他的专业结合得很紧密,但华尔街给的工资却更高,所以他选择了华尔街。在华尔街的三年半时间里,开明的老板给了李彦宏很多自由的时间,热衷于技术的李彦宏为公司设计了一套实时金融信息检索,这个系统至今还被广泛应用于华尔街各大公司的网站。在技术层面,李彦宏最大的收获是获得了超链分析的专利。这项1996年的发明,解决了如何将基于网页质量的排序与基于相关性的排序完美结合的问题。

当他兴奋地跟老板说,这是一种革命性的东西,他们并不理解,李彦宏有些遗憾。同样的情况如果发生在硅谷,风险投资早就蜂拥而至了。这段经历让他慢慢清醒:在华尔街,最重要的人是交易员,而技术人员、程序员、工程师不过是一个工具而已。他的舞台应该在硅谷,而不是华尔街。

所以1997年,李彦宏果断离开了华尔街,前往硅谷著名的搜索引擎公司——搜信公司工作。这一次,李彦宏下了一个天大的决心:"只要我在这家公司一天,就要保证这个搜索引擎是世界上最好用的搜索引擎。"

然而理想总是比现实坚硬。"搜信已经能够索引到6400万的网页,全世界最重要的信息都在这里了,不需再买更多电脑和服务器。"老板如是说。

对于老板的说法,李彦宏非常不认同,但作为华人工程师,他没有太多话语权,这也让他意识到:"我需要做一件自己能够说了算的事了。"

纪伯伦曾说:"不要因为我们走得太远,就忘了当初为什么出发。"

在美国的那几年,李彦宏有了绿卡、有了别墅、有了股票期权。他也发现,国内互联网发生了翻天覆地的变化,但是中国互联网市场仍没有一家像样的搜索引擎公司,甚至很多人不知道搜索引擎为何物。回国创业的想法在他头脑里愈演愈烈。

"人生能有几回搏,不论成败都该试一把,也许还能为国家做点事情。"李彦宏坚定了回国的念头。

1998年,李彦宏在自己撰写的《硅谷商战》中说:"技术本身不是唯一的决定性因素,商战策略才是决胜千里的关键。要允许失败,让好主意有条件孵化;要容忍有创造性的混乱,要有一定的情怀!"

正如后来李彦宏在为母校建校120周年捐赠6.6亿人民币并联合成立北大百度基金会上所说:"这么多年,不管我在哪里,不管我走了多远,我总能从母校找到支撑自己不断前行的精神力量和现实支撑。"

1999年,在美国生活8年的李彦宏,从太平洋东海岸重新回到了太平洋的西海岸,回到了人生的一个重要起点——北京大学。他悄无声息地开始了创业,在北京大学资源宾馆租了两间房,1个财会人员5个技术人员以及合作伙伴徐勇,8人一行,开始了创建百度公司,之后他飞到美国游说筹措了120万美元。

2000年3月,百度公司正式开张营业。虽然北京大学、清华大学人才云集,但精通搜索引擎技术的却屈指可数。李彦宏只规定了两条办公室纪律,一不准吸烟,二不准带宠物。因为他不吸烟、对猫有些过敏,要打喷嚏,会添堵。其他不限,穿拖鞋,屁股坐桌子等等都可以。

李彦宏说:"在百度,我希望聪明人,永远能无拘无束地工作与思考。"

后来,同事们回忆说,当年北京大学资源楼里的百度公司整夜亮着灯。有人困了,就靠在椅子眯一会儿;有人实在扛不住睡意,就去厕所洗把脸,再回到电脑前。

严酷的市场环境从来就没有诗意。2002年,李彦宏确立百度公司的第一波冲刺——让百度引擎在技术上全面与Google抗衡,部分指标还要领先Google。李彦宏还给他们下达了具体指标任务,要求第一波冲刺完成后,百度的日访问页面比原来多10倍数,日下载数据库内容比Google多30%,页面反应速度与Google一样快,内容更新频率,全面超过Google。

9个月里,"闪电侠"们包括李彦宏在内的15人开启了不分昼夜的攻关模式,而Google类似的研发团队有800多人。当时团队中有人买了一部遥控玩具汽车,把需要交换的磁盘和文档放在玩具车上,谁需要什么,就由车运过去;还有人买了滑板车,站在滑板上去财务室报账。大家铆足了干劲,只争朝夕。期间李彦宏生病住院,他还给大家打气:"我们是在自己的国家'打仗',你们不是对Google不服气吗?这回真刀真枪干起来了,谁怕谁?"

2002年12月大功告成,百度的市场队伍白天见客户晚上见媒体,闪电推广,很快就让中国网民明白:中国人自己的搜索引擎,不比Google差。

鹰飞半空,总能看到更多的诱惑,只有抗拒诱惑,才能飞得更加高远。同样,事业起飞途中,只有抗拒诱惑,你才有更多的机会做出高尚的行为来。百度公司初创阶段,一位美国投资人要求李彦宏把某个项目的完成时间由6个月缩短为4个月，并将追加50%的投资。但李彦宏出于对质量的顾虑婉言拒绝了。几分钟的沉默之后，投资人却大笑起来。他说："您是一个很真实和稳重的人，把钱投给您这样的人，我们很放心。"

当然，这些风险投资商愿意把钱投资给百度还是因为他们经过考察发现，百度总是考虑怎么寻找技术强人为自己服务，怎么组建最好的团队，寻求最佳的出路，具体到公司日常管理，更是充满了人文气息和温暖。比如，2000年，公司一开业，就提供免费早餐。2001年，搬入理想的国际大厦办公。"百度"在大厅里设有咖啡机，免费给员工提供咖啡。

李彦宏对人朴实诚恳，对自己的梦想能够坚持，认准了就去做，不跟风，不动摇。

百度的目标在远方，第一波冲刺胜利后，公司没有开会庆祝，李彦宏只是带着大家去郊外游玩了两次，算是对大家的犒赏。之后，李彦宏给公司描绘了一个新的奋斗目标——上市。

上市！这曾经是每个互联网公司的梦想，为了它，有多少互联网公司累死在追求梦想的旅途。2003年3月，中文搜索引擎市场风云又起，"3721"、中国搜索联盟、新浪等相继声称：要推出秘密武器或结盟，国内的搜索引擎大战已经全面展开。

李彦宏鼓励员工："我们应该珍惜青春，尽快成长。成长，不仅是专业技能的进步，更重要的是个人心性的磨炼。在这样美好的年纪，我们有尝试错误和承受失败的勇气，也有从失败中学习、让自己羽翼丰满的机会。"

2003年，全球IT业的复苏速度仍然十分缓慢，但百度的收入是2002年的400%~500%。

李彦宏在内部声称:"百度3年内,要占据整个搜索市场90%的份额,将在2004年至2005年进攻日本、韩国甚至美国市场;百度的员工人数,要在3至5年内翻10倍数,要让所有员工持有百度股;百度要由一个小公司变成一个国际性的知名企业。2004年,百度搜索流量首次在中国超越Google,而且此后在中国市场上将这个全球巨擘远远甩在了身后;2010年3月15日,百度再次实现超越:在有全球资本市场风向标之称的纳斯达克,百度股价首度超越Google,写下纳斯达克新的传奇。"

2005年8月5日,百度正式在美国纳斯达克股票交易市场挂牌上市,发行价27美元,开盘价66美元,定价为122.54美元,狂飙一路;百度股市值达到39.58亿美元,股价涨幅达到了疯狂的353.85%。在一夜之间,百度变成中国最大的互联网公司,市值一度超过新浪、网易和搜狐的总和。

如今,百度已走过20年的时光,期间不乏惊心动魄的风云变幻——激烈的董事会争辩,合作伙伴徐勇的退出,商场无情的竞争等重重挑战,这些都在不断考验和冲击着李彦宏。但李彦宏一直淡定从容,随着资本的不断增加,技术的不断成熟,百度有了一日千里的快速发展。

李彦宏说:"用技术改变生活,仍是我不变的信念。对于百度,真正的挑战还在后面。"

如今的百度,已由起步时期的几个人,发展成为一个拥有三四万员工,市值过千亿美元的大型公司。百度不仅在短短十几年的时间里成为全球第二大独立搜索引擎和最大的中文搜索引擎,也成为中国人工智能领域的扛旗者,覆盖国民经济三大产业。在李彦宏的掌舵下,2018年,百度交出亮眼的成绩单,全年总营收高达1023亿元人民币,同比增长28%,首次突破千亿大关。

2020年百度已经20岁。站在关键时间节点,百度需要思考下一个10年的发展大方向,也需要思考在当前互联网行业的发展阶段中,百度的搜索基础业务需要做出怎样调整。对此,李彦宏的答案是:All in 人工智能。

"这是一个技术价值再度闪耀的时代,而技术创新就是一次伟大的冒险,我们付出100倍的努力,取得10倍的优势,方可领先1步。"作为人工智能平台型的公司,李彦宏明确表示,"百度要在人工智能领域充分发挥技术优势,做智能经济时代的建设者。"

回望百度20年的历程,李彦宏说:"当你心中有理想,再艰苦也会变得无关紧要。心有理想,才会有激情去克服困难。"

众里寻他千百度,李彦宏一直在路上。

(摘自李营《李彦宏传》《十七年,一个人,一场秀》,选文有删改)

【评价摘录】
　　李彦宏创立的百度公司已经成为中国互联网巨鳄,在中国,没有人比李彦宏更重视人工智能。
　　　　　　　　　　　　　　　　　——《时代周刊》

　　李彦宏是当今中国年轻企业家的优秀代表,百度在高科技的领域里打出一片天地,很给中国的民族企业提气。
　　　　　　　　　　　　　　　　　——柳传志

【其人语录】
　　人一定要做自己喜欢且擅长的事情。
　　百度每一次大的决定都是冒了很大的风险的。

按照示例，请你来补充一下李彦宏的具体品质。

具体品质	例证简述
兴趣与认清自我	从华尔街到硅谷，李彦宏都是职场中的优胜者，原因在于李彦宏始终都没有离开过自己所喜爱和擅长的搜索行业，为了爱好而工作是幸福的。
梦想与追求	从最早的考上理想大学到追求理想专业到发挥自己的专长到自主创业、公司上市，李彦宏的每一步转型和提升的力量源泉都在于他有新的梦想与追求。
抓住机遇	李彦宏发现，国内互联网发生翻天覆地的变化，但是互联网市场仍没有一家像样的搜索引擎公司，甚至很多人不知道搜索引擎为何物，所以毅然回国创办百度公司。

你积累的名句有哪些?

适用主题	摘录语句

他创造了真实的桃花源

邹子龙，1988年8月出生，研究生学历，曾获北京大学国家发展研究院一等奖学金，珠海市十大杰出青年，珠海市青年发展现代农业促进会副会长，全国农村青年致富带头人。

广东韶关高考状元,中国人民大学硕士学位,北京大学经济学双学位……当你拥有这些光环的时候,你会选择做什么工作?是出国留学深造,还是进入大企业待在舒适的办公室?可有这样一个年轻人,做了个让所有人都大跌眼镜的选择:卖菜讨生活。

他就是邹子龙。

邹子龙生于1988年8月,从小热爱学习,成绩优异,2007年,他成为广东韶关市高考状元,可这位学霸却选择了中国人民大学农业经济管理专业。这可把他父母急坏了,亲戚朋友们也都想不通,要知道这专业非常小众,可他却横了心非读不可。没想到这专业比想象的还要冷门,全班总共49个同学,算上他在内,只有4个人第一志愿报了这个专业。

这些来到农业专业的学生,没有一个是愿意做农业的,他们认为农业就是没前途,纷纷跑去听其他专业的课,或者进金融、商业公司实习。只有他还老老实实待着,每天在学院农园里研究个不停。

大四那年,邹子龙不仅取得了中国人民大学的学位,还取得北京大学经济学学位,拿到一等奖学金并被保送中国人民大学读研究生。2010年毕业时,班上同学都选择进国企和金融单位上班,他也同样得到许多大企业的赏识,可他却又做了个令所有人都吃惊的选择:放弃高薪工作,做农业生产!

近年来,因误食有残留农药的水果蔬菜中毒的案件发生了不少,原因就是不少农民急功近利,使用化学制剂催水果蔬菜早熟,匆忙上市出售，导致水果蔬菜中农药残留量超出正常标准。

残留农药不仅让人慢性中毒，还会诱发许多慢性疾病，如心脑血管病、糖尿病、癌症等，更严重的是，蓄积在人体内的农药还会通过怀孕和哺乳传给下一代，殃及子孙后代的健康！

邹子龙从小在城市里长大，周末去乡下外婆家，品尝外婆种出来的蔬菜，是他童年最美好的回忆。而他之所以选择农业，更是因为，他想把这份放心和美好带给更多的人。

一些人被世界改变着，而有一些人却在为改变世界而努力着。邹子龙游说了两个同伴，一个是刚被电视台录用的陈羿好，一个是他大学的好兄弟冯永久。抱着改变中国农村现状的梦想，他们三人一起跑到珠海荒山准备开荒种地，创办有机农业园。

一石激起千层浪，身边亲戚朋友都说他疯了，邹子龙更是成了媒体关注的焦点，人们都叹息才华横溢的北大才子的梦想，怎么是当个土土的农民呢？

邹子龙叹息着说："我想不通的是，不管我是北大、人大毕业，为什么我想做一个农民的时候，有这么多人关注我？后来我想明白了，这只能说明在很多人眼里，农业还是一个低端行业，还不是一个让人实现价值的行业。"

邹子龙的心中又多了个目标，那就是为农民赢回应有的尊重。

从此，这个帅气的年轻人，每天都穿着破旧的运动鞋，在菜地里认真地侍弄瓜菜，完全不顾皮肤被晒得黝黑发亮，俨然一个地道的农民。

虽说邹子龙是学农业经济管理的，但毕竟没有农业种植经验。"种植标准由我制定，但有些实际生产经验我也需要向当地老农请教。"邹子龙说。

这个农民几个月下来一分钱没挣到，土地的主人还突然把租金提高好多倍。他只好开着一辆破旧的面包车，带着所有的家当搬家，家当里最值钱的就是两头猪。他又重新选定了一个山头，又埋头苦干了两年多，这次他不仅让这个荒芜的山头通电通水，还解决了灌溉问题。就在一切要走上正轨的时候，2012年，一场突如其来的台风"韦森特"让他的农场瞬间变成一片废墟，他辛苦种植的水果蔬菜全部被摧毁，1000多只鸡也全部被压死了，而此时的他们手中也只剩下几千块钱。

当时邹子龙的妻子陈羿好，怀孕在身不能工作，而好兄弟冯永久也早就选择了另谋出路，只有他一个人还在咬牙坚持着。没多久，这个山头土地又遭遇合同纠纷，他只好再次辗转，搬到了一块300亩左右，有稳定产权的种植基地，邹子龙为这片种植基地取名为绿手指份额农园。

这块土地来之不易，但逢雨必浸，于是邹子龙就按照古代护城河的原理，修筑防洪大堤，做了强排系统。为了节省支出，邹子龙还在农场挖了不少池塘，而只要下一场雨，雨水积蓄在池塘里，他就能省上几万块钱。邹子龙还在池塘里撒了鱼苗，这些鱼儿在未受污染的池塘里自由成长，快活无比，被捕上来的鱼鲜活肥美。

接着邹子龙又在思考：现在愿意种蔬菜的都是上了年纪的老人，如果他们干不动了，谁来接班呢？于是他就在农场里投入很多机械自动化设备。他还设计了独立的灌溉系统，用手机就能随时控制浇水。从他接触这个行业以来，见过许多人为了利润最大化而不择手段，但他却拒绝使用化学肥料。

邹子龙说:"要种植,肯定得先养殖,有了养殖的废料,才能有种植的肥料。"

因此,邹子龙的农场里遍地都是小动物,一只只鸡都训练有素,还会自己排队呢。

牛儿在这个生机勃勃的农场里过得很惬意,常常闲庭散步,时不时地还会有一只只白鹭飞来立在牛背上。他还养了几十头猪,猪的生活条件也非常好,吃的是蔬菜的下脚料,住的是90平方米的豪宅。

这样美好的环境,仿佛一幅美丽的画卷,也吸引了别的生灵来到这里休憩。而动物们的粪便,最后都会进入他建造的沼气池,成了农作物最天然的肥料。

邹子龙也不使用除草剂,因为除草剂危害太大,是造成现在很多人不孕不育的一个主要原因,所以他的农场总是杂草丛生。他杜绝一切农药和激素,许多农民认为他死脑筋,但他还是坚持走自己的道路,如果雇佣的老农想要用化肥,就会被一向温和的他毫不留情地辞退。

时间是个矛盾体,既能让人的生命悄然流逝,也能让人的价值显现出来。在邹子龙的努力下,这些使用天然肥料滋养的蔬菜长势喜人,一点都不比打了农药的蔬菜差,这给当地许多农民一记强烈的重击。他们中的许多人根本不懂科学种植,以前只觉得农药是好东西,能让蔬菜长得快,可这位来自大城市的天之骄子却向他们证明了农药不能滥用,不用农药菜长得更好。

为了保证蔬菜的新鲜度,邹子龙又建立了一套完整的冷链基础,蔬菜凌晨从地里采摘回来马上进篮子,用真空预冷机进行预冷,减少养分的损失,之后再用冷藏车挨家挨户送到消费者家里,消费者拿到蔬菜时,蔬菜就像刚从地里摘出来一样。为了让消费者放心,工作间装的都是透明玻璃,随时欢迎消费者的监督。

为了让种菜的人与吃菜的人能够面对面交流，畅谈健康饮食，邹子龙还定期组织互动体验项目。他建造了一个田间厨房，方便人们来这里一起分享美食。他特地请来米其林大厨，让大家一饱口福，增加活动的乐趣。还有许多家长带孩子一起来采摘蔬菜水果，对生活在城市的孩子来说，这是一个宝贵的体验，可以和大地亲密地接触，从小感受大自然的美好。

邹子龙还利用巨大的仓储墙面，让孩子在上面涂鸦，大胆地发挥想象。

原本说他疯了的人们，看到他事业蒸蒸日上又开始调侃："你这几年开办有机农场赚了不少钱，是不是都成亿万富翁了？"也有媒体报道：绿手指的年营业额有250多万。可实际情况却是，盈利还遥遥无期，他赚来的钱转眼就被再投入到基础设施的建设，而且他还坚持不让农场商品化模式化。

邹子龙说："我希望有机农业这么弱小的行业可以很多元地发展。一旦被模式化了之后，就有很多小而美好的种子容易枯萎。其实农业真不是一个暴利行业。土地可以给予我们很多东西，但是它不会纵容我们的贪婪。"

邹子龙坚守朴素的理念，将有机农业园变成了桃花源，将别人认为不可理喻的事变成了自己事业，也让更多的人享受到有机食品的快乐。日复一日，年复一年，会有越来越多的人加入到他的队伍里。

郑智勇，卖菜部负责人，以前任职珠海一家上市公司联邦制药的市场总监,也曾担任过销售总监。卫芸,绿手指的总经理,以前是一家日资青梅加工企业的总经理,拿着不足之前十分之一的工资来到了农场。

邹子龙用心经营的农场,让员工们彻底爱上了这里,员工们还精心地打造了一个充满乐趣的迷宫花园。他和员工们都认为上百亩的土地和鸡、鸭、猪、牛带来的富足感是城里的一套价格相同但空间狭窄的房子所给不了的。

每当夜幕降临,脚踏着还有余温的土地,仰望星空,邹子龙常常热泪盈眶。他曾在博客里这样写道:"虽然我们在素年,但是我们在锦时。没钱没势,工作有些压力是为'素';芳华正茂,情投意合,心有所念,身体健康,交得一群好友是为'锦'。这'锦'远好于'素'。"

现在的珠海至少500户家庭,都吃着邹子龙种植的有机果蔬。在他的心里,绿色农业的梦想还在生根发芽,他希望探寻出一条真正适合中国的有机农业发展的新模式,也想让越来越多有学识的青年投身于中国的现代农业,向农民们普及科学知识,让更多家庭吃上放心菜。

民以食为天,食物和每一个人都息息相关,邹子龙无法容忍那些无良商家,用食物侵害国人的身体。从2010年到现在,9年光阴荏苒,父母已经理解了他的梦想,妻子陈奕好也一直支持着他,陈奕好对当下的生活很满意,她觉得丈夫做的是有良心的事情。有妻如此,夫复何求?

邹子龙有一个可爱的儿子,他希望有一天儿子说他想做农民的时候,没有人会额外关注他。他还给自己定下一个期限:那就是用20年的时间,让从事种植的人在中国成为被人们尊敬的人,让知识分子从事农业成为平常事。他对自己理想的生活有了一个硬性标准,那就是一定要和大自然有关。他希望,很多年以后,我们的任务就是沐浴阳光。

邹子龙说:"我希望留给我们孩子的不是金钱,也不是楼房,而是安全的食品,蓝天绿水,干净的土地……"

人的一生究竟是燃烧还是腐朽，全在自己的选择。面朝大海春暖花开，是海子的选择；人固有一死，或重于泰山，或轻于鸿毛，是司马迁的选择；选择是一次次自我重塑的过程，让我们不断地成长，不断地完善。而邹子龙这样有才华有良知的青年，学以致用，胸怀社稷，寻找生存之道，能选择走到农村，无疑给中国的农村带来了新生。青年强则国强，为邹子龙，这样的中国好青年，拍手叫好！

（摘自《他曾是人大硕士、北大才子，却放弃高薪工作到农村养猪种田当农民》《人大硕士邹子龙不当白领当农民》，选文有删改）

【评价摘录】

只是最朴素的到农村创业的行为，却让我们对农村对农业发展有了关注和思考。

——中国青年报

【其人语录】

这是一个创业的好时代，也是一个追梦的时代。

大学生创业，不应该只想着赚钱，应该有所担当！

只要踮起脚尖就会更加靠近太阳，只要坚持下去明天会更好。

按照示例，请你来补充一下邹子龙的具体品质。

具体品质	例证简述
勇气，魄力，探究	放弃大城市优越的工作机会到农村开荒种地，从事有机植物的种植。
坚守梦想	传统的农民并不是很受人尊重，邹子龙希望通过这一代年轻人的努力，让农民受人尊重，让农业回归正常的价值，为此，他一直坚守不动摇。
人文情怀	让中国人吃上健康的绿色有机蔬菜，让中国农民有尊严，让农村成为真正的美丽乡村，他选择当一名农民，创建美丽农业园。
劳动意识	他参与田间耕作，投入很多机械化劳动工具，用双手与智慧创建美丽乡村。

你积累的名句有哪些?

适用主题	摘录语句

参考文献

[1] 陈默.窥天地之奥:张衡的故事[M].吉林:吉林科学技术出版社,2012.

[2] 刘汉俊.那个孤独而伟岸的身影[N].人民日报.2017-5-25.

[3] 爱天涯.生命没有来处,唯有远方[Z/OL].搜狐,(2019-9-19)
[2019-12-3].https://www.sohu.com/a/341878387_376245

[4] 默秋.踽踽独行的国学大师[N].文汇报.2011-3-22.

[5] 拾遗.他没有文凭,却被誉为三百年才出一个的大师[J].中国教育研究,2016(10).

[6] 刘超.文艺复兴式的智者[J].同舟共进,2015(6).

[7] 赵元任.赵元任早年自传[M].长沙:岳麓书社,2017.

[8] 青州画廊联盟.一代大师赵元任[Z/OL].搜狐,(2017-10-19)[2019-3-2].
https://www.sohu.com/a/198907181_733517

[9] 杨绛.钱钟书的痴气[M].北京:三联书店,2019.

[10] 物道节气.知世故而不世故,是最成熟的天真[Z/OL].快资讯,(2018-1-23)
[2019-4-8].https://www.360kuai.com/pc/9cc2e21717af92711?cota=4&tj_url=so_
rec&sign=360_57c3bbd1&refer_scene=so_1

[11] 教育家杂志.中国第一位女大学校长[Z/OL].搜狐,(2014-4-21)[2019-1-12].
https://learning.sohu.com/20140421/n398557593.shtml

[12] 吕明亚.智慧女神吴贻芳[J].会史千秋,2015(6).

[13] 董全庚.中国的居里夫人[J].文史月刊,2002(9).

[14] 小左.何泽慧——真正的贵族[J].北京视觉志,2017(11).

[15] 姚谨.这才是女人在婚姻中最好的状态[Z/OL].十点读书,(2019-11-14)[2020-1-29].https://www.sohu.com/a/353720118_621280

[16] 耘禾.有趣,才是婚姻的保鲜剂[J].女人修养,2018(12).

[17] 肖凤.冰心传[M].北京:北京十月文艺社,1987.

[18] 月月.幸福,从不靠别人成全[Z/OL].十点读书,(2018-12-26)[2019-8-20].http://www.360doc.com/content/18/1226/00/476017_804481865.shtml

[19] 柯琳娟.钱伟长传[M].江苏:江苏人民出版社,2009.

[20] 李盈盈.钱伟长:祖国的需要就是我的专业[Z/OL].中国青年网,(2012-1-12)[2019-6-22].http://qclz.youth.cn/qwc/wdld/201201/t20120112_1917797_6.htm

[21] 起风了.生活给我坎坷,诗歌给我力量[Z/OL].富书,(2020-6-20)[2020-7-22].http://www.360doc.com/content/20/0620/10/70546401_919506301.shtml

[22] 美物计.叶嘉莹:诗意地活着,让生命变得有意义[Z/OL].搜狐,(2019-7-3)[2020-7-22].https://www.sohu.com/a/324676141_100150488

[23] 陆敏,张雅诗."敦煌女儿"樊锦诗[N].新华社.2019-10-7.

[24] 李韵.莫高窟是我生命的一部分[N].光明日报.2019-10-12.

[25] 林饱饱.做减法的人生,到底有多赚[Z/OL].搜狐新闻,(2019-2-17)[2019-11-22].https://baijiahao.baidu.com/s?id=1625725882527902937

[26] 徐源.顾方舟传[M].江苏:江苏人民出版社,2016.

[27] 顾方舟.一生一事[M].北京:商务出版社,2018.

[28] 张昊华,高翠峰.做护佑健康的"一叶方舟"[N].健康报.2019-9-19.

[29] 苏沫.90岁袁隆平再上热搜[Z/OL].十点读书,(2020-1-19)[2020-3-22].https://new.qq.com/omn/20200118/20200118A0PMSN00.html

[30] 蒋琦、郭静、姜文婧.袁隆平:稻田里的"追梦人"[Z/OL].中国之声,(2019-9-23)[2020-3-22].http://china.cnr.cn/yaowen/20190923/t20190923_524787805.shtml

[31] 韩晓萌.黄克智:成就出于勤奋[Z/OL].央广网,(2019-4-15)[2020-4-20].https://baijiahao.baidu.com/s?id=1630836871025503978

[32] 热血满腔,克勤力学的智者[Z/OL].汉斯出版社的博客,(2016-8-26)[2020-4-20].
http://blog.sina.com.cn/s/blog_165cd0eeb0102wqun.html

[33] 郎平,陆星儿.激情岁月:郎平自传[M].上海:东方出版中心,1999.

[34] 郑轶,李长云.读懂中国女排魂,拼搏的人生最美丽[N].人民日报.2016-9-27.

[35] 李斌.为中华崛起而拼搏[Z/OL].人民网,(2019-10-3)[2019-10-12].
http://theory.people.com.cn/n1/2019/1003/c40531-31383862.html

[36] 吕蓓卡.我们喜欢这个专门放坏消息的老头,因为社会需要真话[Z/OL].十点人物志,(2020-1-22)[2020-1-30].https://mp.weixin.qq.com/s/_nkunErxH_XrriGuVDNh5w

[37] 秦朔.有一种人生叫钟南山[Z/OL].新浪财经,(2020-1-22)[2020-1-30].
http://finance.sina.com.cn/china/2020-01-22/doc-iihnzahk5695528.shtml

[38] 李营.李彦宏传[M].黑龙江:哈尔滨出版社,2013.

[39] 魏晓.十七年,一个人,一场秀[J].商业观察,2017(7).

[40] 德国优才计划.他曾是人大硕士、北大才子,却放弃高薪工作到农村养猪种田当农民[Z/OL].十点读书,(2017-5-15)[2020-5-2].
https://www.sohu.com/a/140843778_118785

[41] 伊谢.人大硕士邹子龙不当白领当农民[Z/OL].农经网,(201-4-25)[2020-5-2].
http://pe.1nongjing.com/201704/177391.html